京都、パリ　この美しくもイケズな街

明治大学教授
鹿島　茂
国際日本文化研究センター教授
井上章一

プレジデント社

京都、パリ

この美しくもイケズな街

まえがき

井上章一

鴨川に新しく橋をかける。四条大橋のやや北側に、歩行者専用の橋をもうけたい。そんな計画を、二〇世紀末に京都市が発表した。

聞けば、パリの芸術橋（ポン・デ・ザール）を手本にするのだという。そう言えば、セーヌ川にはそういう橋がある。歩行者だけをとおす橋である。美術学校（エコール・デ・ボザール）とルーブル美術館をむすぶ通路にもなっている。芸術橋の名も、その立地に由来する。ふたつの美術施設をつなぐところから、そう名付けられた。

それにしても、どうしてパリの芸術橋なのか。歩行者用の橋なら、ほかにもモデルはたくさんある。なぜ、鴨川の橋は、セーヌ川のそれにあやからねばならなかったのか。そのことでは、少なからぬ人びとがいぶかしがったものである。

しばらくすると、事情が見えてきた。歩行者用の橋なら、パリにもある。鴨川に橋をかけるのなら、あれをヒントにしてはどうか。当時の京都市長は、そうフランスの大統領からじかにつげられた。ジャック・シラク氏から。それで、芸術橋案は浮上したという。

京都とパリは、姉妹都市の協定をむすんでいる。それで、そういうアドバイスをうけることも、ありえたのだろう。そして、提案者は一国の大統領である。むげには、あつかいかねる示唆だったのかもしれない。

しかし、いきさつを聞いて私は腹がたった。ふだんは、千年の都だといばっている。市中の人たちは、私などのくらす洛外を、見下してきた。東京へ出張することも、「東下り」とよく言いつのる。そんな京都市が、どうしてパリごときに頭を下げるのか。セーヌ川からおさがりをもらう振舞に、およぶのか。立腹のあまり、反対の声を、私は柄にもなくあげてしまったものである。さいわい、この話は計画だおれにおわったが。

けっきょく、京都も世界へでれば田舎者なのだろう。フランスの大統領から声がかかれば、まいあがる。一も二もなく、とびついてしまう。のみならず、市の計画として発表する。建都千二百年のプライドも、ふっとんでしまったということか。

芸術橋ですか。そう言えば、そんな橋がありましたね。え、あれを手本に、ですって。そうですか、御助言ありがとう。市へもちかえって、検討さしてもらいますわ。と、そううけながして、にぎりつぶす手もあったろう。私などは、そんな慇懃無礼ぶりこそが、京都にふさわしい姿勢であったと思う。私じしん、そんな目に何度もあってきたから。だが、京都市はおフランスの軍門に、唯々諾々《いいだくだく》と下ってしまった。ふがいない。

話はとぶが、近ぢか文化庁が京都へくる。安倍政権がかかげた地方創生事業の成果だと、一般には思われている。しかし、京都市はこの事業名を否定する。京都は地方じゃあない。地方創生とは、だから言うな。地域創生によびかえろ、と。じじつ、地元では地域創生の名で、おしとおしてきた。

国内での態度は、あいかわらず高飛車である。だが、私はパリとフランスに尻尾をふった京都も、知っている。虚勢の下にひそむ、いくじのない部分を、目のあたりにしてきた。鹿島さんといっしょに、京都とパリを語りあう。この機会を、ぞんぶんにたのしみたい。

京都マップ
0
2000m
N
大徳寺
洛北
叡山電鉄叡山本線
詩仙堂
下鴨神社
鞍馬口通
左京区
地下鉄烏丸線
陣
百万遍
銀閣寺
京阪鴨東線
京区
室町通
京都御所
蛤御門
大文字山
丸太町通
二条城
平安神宮
洛中
河原町通
鴨川
二条通
南禅寺
御池通
粟田口
小路通
三条通
新京極通
中京区
知恩院
洛東
堀川通
高台寺
原通
京阪本線
条通
下京区
清水寺
原
東本願寺
東山区
西本願寺
京都タワー
三十三間堂
山科区
京都駅
東海道新幹線
東寺
地下鉄烏丸線
泉涌寺
洛南
東福寺
近鉄京都線
伏見稲荷大社
奈良線
伏見区
京阪本線
醍醐寺

北区
金閣寺
龍安寺
千本釈迦堂
仁和寺
北野天満宮
広沢池
大覚寺
嵯峨
嵐電北野線
双ヶ丘
花園
山陰本線
洛西
嵐山
嵐電嵐山本線
地下鉄東西線
嵐山
右京区
西芳寺（苔寺）
阪急嵐山線
桂川
西京区
桂離宮
阪急京都本線
南区
東海道本線
東海道新幹線

パリマップ
0
1000m
N
18区
ンマルトル墓地
サクレ・クール寺院
モンマルトル
19区
北駅
9区
ベルヴィル
ョセ=
ンタン地区
右岸
10区
レピュブリック広場
グラン・ブールヴァール
メニルモンタン
2区
20区
サン=タンヌ通り
3区
1区
パレ・ロワイヤル
グレーヴ広場
アルシーヴ通り
アルシーヴ・ナショナル
レ・アール
11区
ペール・ラシェーズ墓地
リヴォリ通り
マレ地区
オベルカンフ
サン=ジェルマン=デ=プレ地区
シテ島
4区
ヴォージュ広場
オテル・ド・ヴィル（市役所）
ビュッシー通り
バスティーユ
カルチェ・ラタン
ノートルダム大聖堂
6区
サン=ミシェル大通り
プティ・ポン（小橋）
5区
12区
ムッシュー=ル=プランス通り
リュクサンブール公園
セーヌ川
ゴブラン駅
ゴブラン地区
レンヌ通り
13区

ヌイイ=シュル=セーヌ
オペラ座
17区
ニッシム・ド・カモンド美術館
モンソー公園
8区
凱旋門
フォーブル・サントノレ通り
エトワール広場
サントノレ通
シャンゼリゼ通り
フォーブル・サン=トノレ地区
16区
コンコルド広場
ブローニュの森
チュイルリー公
ルーヴル美術館
エッフェル塔
フォーブル・サン=ジェルマン
セーヌ川
7区
サン=ジェルマン大通り
ミラボー橋
エコール・ミリテール
左岸
15区
モンパルナス墓
ブローニュ=ビヤンクール
14

目次

パリと京都の「汚《けが》れ」に対する意識の違い
パリの墓地
土地の持ち主
パリの高級住宅地の変遷
応仁の乱の前、後
近年のパリの再開発
パリのマレ地区はユダヤ、ファッション、ゲイのエリア
京都にゲイスポットはない
京都、東京、パリの「とらや」
京都とパリの街並みを比較
京都・百万遍のカルチェ・ラタン
現代の教育事情
パリジャンは日本車、ドイツ車、国産の車をどう思っているか
パリをテーマにした詩や歌
京都とパリが人気の観光都市になった背景

第1章

京都人とパリジャンの気質

生まれと育ちに対する意識

井上　京都の近所付き合いは、なかなか大変です。例えば、近所の人から「お子さんのピアノ、お上手やわあ」とか「お子さんお元気で、いつもうらやましい思てます」と言われたりしますよね。そんなとき、「ありがとうございます」とお礼を言ったり、子どもの健康状態がどうであるかを真っ正直に答えたりしてはいけません。やかましさを反語的にとがめられている可能性が、多分にあるからです。「うるさくて申し訳ありません」「ご迷惑おかけします」と謝るのが無難です。

鹿島　褒めているようで非難しているから、素直に喜んではいけない？　いけずというものですか？

井上　はい。あと、『京都ぎらい』では書きそびれた「いけず口」なんですが、申し上げていいでしょうか。梅棹《うめさお》忠夫先生（京都市上京区出身の民族学者、比較文明学者、国立民俗学博物館初代館長）は、京都中華思想の持ち主でした。ご自身でも書いておられるんですが、「京都サラブレッド」を自負してもいらっしゃる。自分は京都生まれの京都育ちだと。4代さかのぼっても京都だと。ところが、こういう言い方を侮る町衆が結構いるんです。「4代くらいで言うたはる」と。ここは、いけずな街なんです。

話は飛ぶんですが、**宮澤喜一**※1さんっていう政治家がいらっしゃったじゃないですか。彼は、東京大学至上主義で、大蔵官僚へ学歴を尋ねるときに、「学部はどこですか」と聞かれる。東大が大前提なんですね。また、あらまほしき答えは「法学部」。「経済学部」という応答に出くわすと、冷たいそぶりをされる。「政経学部」って答えると、「はて？　大学にそんな学部あったでしょうか」と言われる。そのくらい宮澤喜一さんは、東京大学を誇りにしていらっしゃったと。

鹿島　東大には、文学部仏文科（正式にはフランス語フランス文学研究室）もありますが、そんなものは宮澤喜一さんの頭の中にはない（笑）。

井上　だけど、その宮澤喜一には、実は一点後ろ暗いところがあった。**一高**※2を出ていない。**ナンバースクール**※3を出ていない。そのささやかな傷が、宮澤喜一をますます東大至上主義者に追い込んだのではないかと。教育社会学者の竹内洋が書いていました。

そうするとね、ひょっとしたらという、これ邪推ですよ。梅棹忠夫の、ものすごい京都中心主義、あれも心のどこかにね、ひっかかりがあったんじゃあないか。生まれた場所が西陣だというのはともかく、4代目でしかないというのが、影を落としているんじゃないかなと。パリでパリ生まれを自慢する人は、どうなんでしょう。

鹿島　それがね、あまりいないんですよ。不思議なことにね。確かに**ボードレール**[※4]みたいに、パリ生まれであるというのがアイデンティティになっている人はいるのですが、パリ生まれ自慢という人はあまりいない。なんでだか、よく分からなかったのですが、最近、**エマニュエル・トッド**[※5]の家族類型を勉強するようになって、一つのヒントを得ました。

トッドは、結婚した息子が親と同居するか別居するかを縦軸に、兄弟が遺産相続で平等であるか否かを横軸にして、家族を4つの類型に分けました。親子が同居して、兄弟が不平等（つまり長男相続）のタイプが「直系家族」。この直系家族は、土地所有や家業と結びつきやすく、親・子・孫と代々、先祖が所有しているものを受け継いでいく。日本ではこれが主流です。対するに、フランスのパリ盆地では、親子が別居で、兄弟が平等の「平等主義核家族」が普通です。これだと、家族や家系よりも個人が最優先され、家族や家系というものはあまり意識に入ってこない。

このトッド分類でいくと、京都って典型的な直系家族の街ですね。親・子・孫と、

3代一緒に住んでいる。直系家族というのは、日本では土地所有にこだわる地侍から生まれたので、むしろ関東のほうに多いのですが、その一方で、天皇や公家たちも直系家族です。京都では明治維新で天皇と公家がいなくなり、直系家族が消えたように思えましたが、町人が直系家族化した。土地の代わりに、家業を長子あるいは長姉の婿が相続するようになったんでしょうね。

井上 家系を継ぐ養子さんも、非常に多いんですけどね。

鹿島 養子、多いですね。日本的直系家族ね。婿養子や夫婦養子容認の直系家族ですね。これは日本独特で、ほかの国にはあまりない。

一方、パリの平等主義核家族は親子別居が大原則ですから、特に**フランス革命**※6以後、子どもは勝手に職業を選んで、親の職業を継がない。だから、何代までさかのぼれるかというようなことに、ほとんど意識がいかない。

井上 うちの研究所に勤める若い人でね、呉座《ござ》勇一さんという歴史家がいる。『応仁の乱』という本を書いていまして、これが約50万部も売れた。これね、僕自身驚いたんですが、京都のある飲み屋で聞かされた話ですけど、そこへ飲みに来ているおじいさんたちが、「あれ、読んで面白かった」と語り合っていたと。あんまり面白いという種類の本じゃないんですがね。

　何が面白いのかというと、「あの本にうちの先祖が出てくる」「ああ、うちの先祖も出てくる」と。「うちの先祖、卑怯なことやってたんやなあ」とかいうような話で盛り上がっていたんですって。

　私はこれ聞いてね、京都はそういう街なんだなと。ほんとかどうか分からないけど、そういう自慢話をし合うような街なんだなと思いました。で、どうです？　フランス人でね、たまたま出会った人同士が「**ナントの勅令《ちょくれい》**※7のころはどうだった」とかいう会話は、ちょっと考えにくいですよね。

鹿島　いや、フランス人全体なら、そういう人もいるんですよ。フランスでは系譜学《けいふがく》というのがあって、何代もさかのぼって、何々家と何々家の血がつながっているか否かを研究している人もいる。**プルーストの『失われた時を求めて』**※8に出てくる、売春宿の親父でゲイのジュピアンもそれが趣味でね。ホテルのカウンターに座って、系譜学の研究をしているという人物。そういう系譜や家系にこだわる人は、確かにいます。けれど、パリにはあまりいない。

　なぜなんだろうと思ってたけれど、それは、パリで血筋がいいのは王家だけだからだと気付きました。王の家臣や貴族というのは、もともと地方の豪族、つまりそれぞれの国の領主なんです。パリにいる王がこれら地方豪族を集めて造った宮廷が、パリの発祥なんです。領主は管理を家来に託して、宮廷に伺候《しこう》して王様の家臣になった。

　貴族というのは直系家族だし、フランスでも南のほうでは民衆も直系家族。ジェネアロジー（家系）をたどるというのは、彼らにとっては、例えば「細川家はどこそこの殿様で」というような意味になる。つまり、パリの直系家族で威張っていいのは王の一族だけで、それ以外の封建貴族は全員、地方豪族の末裔。パリは参勤交代のような仮寓《かぐう》（仮住まい）にすぎず、ルーツは地方です。王侯貴族でもルーツがパリといえるのは、王家だけ。王家でなければ、**ブルジョワジー**[※9]以下ということになってしまう。

井上　この現象は、日本文化論のテーマになると思います。たかが茶の、しかも飲み方の作法だけを伝える家が千家何代当主とか、器を扱う家の由緒がどうとかね。こんな言い方、ちょっと差別的になって申し訳ないのですけれども、爵位を持っていたという人たちならともかく、一般市民に毛が生えたようなのが、何百年続いているということを誇らしげに語るというのは、やっぱり、なんかどうなんでしょうね。

鹿島　そうね、かなり特殊ですよね。

井上　よく中国の人が、日本に来て言うんです。「器を作る家が、数百年の由緒を誇るという。信じがたい」と。

鹿島　だから、それは「何代目」という、直系家族的な発想なんです。実を言うと、僕の実家は横浜の端っこのほうの酒屋で、天保年間創業だから、長男の僕が継いでたら6代目なんですよ。祖父の代から落ちぶれているから、全く自慢になりませんが。

創業年数を誇る京都のお店

井上　パリにもね、京都のように創業何年とかを誇らしげに自慢してる店はあるでしょう。

鹿島　あることはありますね。

井上　フィレンツェなんて結構ありますよね。

鹿島　フィレンツェはすごいですね。でも、パリにはそこまでないな。**アンシャン・レジーム（旧制度）**※10ぐらいから続いてる店というのも、そんなに多くはないですね。フランスには「売官《ばいかん》制度」というのがあって、**フランソワ一世**[※11]の時代からこれが盛んになる。金ができるとブルジョワは、息子に高等法院の官職を買ってやり、**法服貴族**[※12]にする。息子が貴族になったら、親は出自を隠すために廃業する。これの繰り返しだったから、創業何年というのを誇りにする伝統というのは、生まれなかったのですね。むしろ、子どもを貴族にすることができなかった、落ちこぼれということになってしまう。

——フランスでは、元大統領のシャルル・ド・ゴール（Charles de Gaulle）のように、貴族の称号である「ドゥ（de）」が名前に付いている人も少なくないですよね。貴族の家系は連綿と続いているという印象があります。貴族ではないのに、ドゥが名前に付いている人もいるようですが。

鹿島　「ドゥ（de）」というのは「帯剣《たいけん》貴族のフィエフ（封地《ほうち》）」を示すための前置詞です。確かに貴族の印ではありますが、19世紀になると、貴族でもないのに文学者たちの中には、**オノレ・ド・バルザック**[※13]のように勝手にドゥを付ける人も現れる。一方、先ほどの法服貴族のほうは、ドゥがなくても貴族です。ただ、いずれにしろ、貴族制度はフランス革命でいったん廃止されてから**王政復古**[※14]で復活し、以後そのままになってしまったから、全く無傷で生き延びちゃってます。

井上　貴族は続いてるんだと思うのだけど、商店が続いているというのは……

鹿島　そんなにないですね。ブルジョワの目的は、家を永続することではなく、貴族に成り上がることですから。

井上　京都では、創業寛永何年とか創業元禄何年とか、店の看板に結構書いてありま す。最近も、八ツ橋を営んでいる店同士のさやあてがありました。「お前のところがうたっている創業年代には、虚偽がある。いかにも古そうな言い方は、改めろ」って。訴訟沙汰にもなりました。とにかく、歴史の由緒を誇りたがる。そういうプライドの持ちようは、パリの商人にはないんですか。

鹿島　老舗というのは、むしろ直系家族のいる地方に多い。南仏やドイツ国境には、直系家族の同族企業がかなりあります。

井上　実を言うと、京都大学の学生に、あんまり京都市民はいないんですよ。多分1割もいないと思います。ましてや、創業寛永何年とかいうようなお家のボンは、数えるほどしかいない。でも、皆無じゃありません。いくらかはいるんですよ。それがね、みんなおしなべて言うんです。「京大、入《はい》れてよかった。これで親父は、俺のことを諦めてくれる」って。

つまり、入れなかったら跡継ぎにさせられるんですよ。ところが、京都大学の、例えば大学院まで行くと、これが「合法的な家出のコース」になるんです。

鹿島 なるほどね。私の生まれた横浜にも、家の近くに関東学院大学という古い一貫校の私立大学があって、昔は、商店の親父が子どもを小学校からここに入れてました。進学校に行って、中央で働くなんて言われたら困るので。商売継がせるために、小学校からエスカレーター式でこの大学に行かせたんです。

井上 京都では、それが同志社なんです。僕は学生時代に、町屋の建築調査をしました。そのときに、ある旦那から言われたんですよ。「君、京大の子やな」と。「我々のところでは、子どもが京大に入ったら、近所から同情されるんや。『もうあそこ、跡継いでくれへんわ』と。賢いことが悪いわけやない。だけど、同志社くらいがころ合いなんや」と。「同志社に行けば、長く続いたブルジョワ同士のコミュニケーションがそこで培われるし、将来この街を背負っていく旦那にもなれる。京大なんか行ったらあかん」というふうに。

鹿島 なるほど。慶應大学も、昔はそうでしたね。

井上　そういうお家のボンで、京大を出た人から聞かされたことがあります。「弟が因果を含められ、跡を継いでる。正月に帰ると、弟にいろいろ愚痴られる。『兄ちゃんはええな、好きなことして』と」。創業数百年の名家になるとね、しきたり、親戚の陰口、もう大変なんですって。「もう嫌や」と。そういう街中《なか》の人の前にね、私みたいな洛外の嵯峨で育っているという田舎の子が来ると、「君はいいなあ。自由で、好きなことができて」というふうに、まず思うんでしょう。
「400年続いたこの家で、我々がどんなしんどい思いをしているか、君に分かるか？」というのが裏面にあって、洛外者に対する、いけず口になるんじゃないかなと思いますね。パリでは、これはありえへんわけでしょうかね。

パリのブルジョワジーは金融系で、お城持ち

鹿島　商業に関して言うと、家業を継ぐことへの呪縛はあまりない。パリのブルジョワジーというのが金融ブルジョワジーだったことが、その理由の一つです。パリは革

命前から第三次産業中心の消費都市で、商業ブルジョワジーも大きかったけれど、それ以上に金融ブルジョワジーが強かった。これが、産業ブルジョワジー中心のイギリスやほかのヨーロッパ諸国との違いですね。

井上　イギリスにもシティ（ロンドンの金融街）がありますけど。

鹿島　今はロンドンも金融ブルジョワの街ですが、パリは昔から金融ブルジョワの街なんですね。徴税請負人などの大金持ちが、外国債とか債券に投資しながら、代々生きてきた。今は、ヨーロッパはどの都市でも、金融ブルジョワジーが中心になっているけれども。

井上　そういえば、フランスの近代小説には、金利や遺産をあてにしてる人がいっぱい出てきますよね。

鹿島　なにしろ、世界で初めて金利生活者というのを生んだ国だからね。ランティエ※15と呼ばれて、日本語にもなっています。パリ自体には産業がなく、会社といっても持ち株会社ばかりでした。

井上　じゃあ、パリジャンが、田舎者に対して偉そうな顔をする根拠は、代々その地に住んだことではないとしたら何なんですか。

鹿島　代々どこに住んでいるかよりもむしろ、自分の持っている別荘というか、城が自尊心の根拠です。貴族の中には、ブルジョワジーから貴族に転じた法服貴族がかなりいて、我々が想像するよりもはるかに多い。フランス革命が起こったとき、法服貴族のほうがパーセンテージは多かったんですよ。そういう人たちは、もともとは商業の出なんだけれども、それを恥じて金融ブルジョワジーになった。そして、金融ブルジョワから貴族に成り上がろうとした。というわけで、アイデンティティはどこにあるかっていうと……

井上　住む土地ではなくて？

鹿島　かつてはヴェルサイユ、あるいはその周辺に住むということだった。けれども、それが変わってきてからは、田舎に巨大な城があるということなんですね。パリ市内にそれなりのアパルトマンも持っていますが、田舎に城を、より正確には、領主の象徴としての城を持っているということが誇りのもとなんです。

井上　じゃあ、軽井沢に別荘を持っている港区（東京）の人みたいなもんですね。

鹿島　それに近いんですが、もう軽井沢の別荘なんてもんじゃないのですよ。本格的な城なんです。フランスに行く日本人は、ロワール川の城巡りなんて行くでしょ。その中にシャンボール城があるけど、あれ、個人所有なんです。**ルイ14世**[※16]の財務卿だった**フーケ**[※17]が造ったヴォー・ル・ヴィコント城という城も、今は個人所有です。

井上　日本には**封建遺制**[※18]が残ったけれども、イギリス、フランスは封建遺制を打破したみたいに、我々は習ったわけじゃないですか。だけど、あちらでお城になんとか伯爵がのうのうと暮らしていたりするのを見ると、これこそ封建遺制ではないかと思うんです。どうして日本の社会科学は、そこに目を向けなかったのかな。私もね、そういう城をいくつか見ました。そして、そう思いましたね。

鹿島　城自体の値段はそう高くないんですよ。だから、立花隆さん（ジャーナリスト、ノンフィクション作家）が、ベストセラーを出したときに、ワインのシャトーである城を買ったでしょ。

井上　そんなの買わはったんですか。

鹿島　買ったんです。だけど、城ってね、船を持ってるのと同じで、買う値段より維持費のほうが高い。だから1億円でシャトーを買ったら、年間の維持費も1億円かかると思わなきゃならない。

井上　分かりました。「ぜいたくの限りを尽くす妻、だけど他人に見せびらかせる妻」

みたいなものですね。

鹿島　問題は、城を買えるかということではなくて、維持費を恒常的に払えるかどうか、ということなんでね。知り合いのフランス人に「私の別荘に一緒に行こう」と誘われて行ってみたら、城だった……という日本人のビックリ体験。そういうのが結構あります。

井上　じゃあ、シャトーの持ち主はある意味で、文化庁に代わってフランス文化の保存係をボランティアで担っているということに。

鹿島　そういう面は、かなりある。

井上　それが自慢の根拠。

鹿島　自慢の根拠なんでしょうね。維持費が無限にかけられるとかね。そういう人たちがパリでどの界隈に住むかについては、一応決まってることは決まってるんですが、その時代の流行によって少しずつ変わる。その変遷《へんせん》は、また後ほど話します。

京都人は東京へ行くことを、やはり「東下り」と言う

井上　ところで、僕も不思議やや思うんやけど、京都市役所の職員に、東京へ出張することを今でも「東下り」と言う人がいるんですよ。私は「そんなの、おかしいやろ」と、日文研（国際日本文化研究センター）へ来たヨーロッパの人たちに、同意を求めます。すると、イタリア人に言われました。「フィレンツェもそうだ」と。「ローマを田舎だと見下している」っていう。フィレンツェの人が、ローマを侮る度合いというのは激しいらしいですね。

鹿島　激しいです。確かにフィレンツェからすると、ローマって、下るニュアンスがありますね。

井上　**ローマ帝国**[※19]はともかく、**ルネサンス**[※20]の本場は自分たちだという圧倒的な思いがあるんじゃないでしょうか。

鹿島　確かにルネサンスは、**メディチ家**[※21]のような金融ブルジョワの街であるフィレンツェから起こっているわけで。彼らがやったのは、古代文化を復興するということで

す。ただし、ローマというより、むしろギリシアの復活（ルネサンス）ですね。ギリシアの文化を復活したのだから、ローマをすっ飛ばしてというニュアンスが、かなりあるんじゃないでしょうか。

井上　京都の洛中の人が、首都東京に対して抱いている複雑な思いは、フィレンツェ人のローマに対する思いに近いと思います。そもそも私には、京都人だという自覚がないので、そういう思いはないんですが。えらそうなフィレンツェの人たちも、今の中心がローマだというのは認めざるを得ない。だからこそ、そもそもはこっちのほうが上やと言いたくなる。

そのローマに対して、パリはコンプレックスを抱いているかもしれないけど、それはいわば、京都の万葉好きが、奈良を思うような感じではないでしょうか。

鹿島　少なくとも、19世紀までは、パリはローマにコンプレックスを持っていましたね。

パリになぜ核家族が残ったのか

井上　桑原《くわばら》武夫（フランス文学・文化研究者）は、**アンドレ・ジッド**※22に会って話し合ったことがあるって言ってました。１９３７年かな、桑原さんがフランスに留学したのは。

鹿島　ジッドに会った日本人は、かなりいますね。

井上　桑原武夫は、あのとき、パリ以外の場所を相当回ってるんですよ。フランスに留学する文学研究者の多くは、ソルボンヌにこもって勉強すると思うんですが、桑原さんはあちこち回ったはるんですよ。

戦後、フランスは近代化のリーダーとしてもてはやされました。でも、桑原さんには「俺は本当のフランス、遅れたフランス、停滞的なフランスを知っている」という自負心があったんでしょうね。確か、１９６０年代の初めごろに桑原さんがリーダーとなった「京大人文研のヨーロッパ探検隊」ができた。梅棹忠夫も、これに加わっていましたね。

鹿島　そうですね。

井上　このグループが、文部省から、相当抗議を受けるんですよ。「ヨーロッパは未開人の調査をしに行くところではない。学びに行くところだ」と。だけど、僕は梅棹忠夫から直に聞いたんだけど、「自分たちは、ヨーロッパへ土着民の調査に行くんだ」と、誇らしげに語ってたんですよ。いや、本当は土着民ではなく、「土の人」を二字熟語にした言葉が、彼の口からは出ていましたが。

京都の市役所は、いつもパリに迎合的だなと思います。一方で、京都一中を出たエリートたちは、京都に相当程度自信があって、心のどこかで「パリ何するものぞ」みたいに思ってたんじゃないかなと思います。これは多分、東京帝国大学（現在の東京大学）のフランス文学教室とは違う要素じゃないかなと。

鹿島　それは確かにありますね。家族人類学からすると、その「京大人文研のヨーロッパ探検隊」の考えが、非常に正しいということが分かる。最近、トッドの家族人類学は大転換を遂げて、歴史軸に転換を始めた。トッドは、分類した家族類型をマッピングしたんですね。ユーラシア大陸の真ん中に、ロシアと中国型の「共同体家族」というのがある。これに対し、「核家族」のフランスやイギリスは、ユーラシア大陸の最辺境にある。人文地理学でいうところの「周辺の保守性原則」で、「中心では変化が起こるが、周辺には古いものが残る」ということです。

新しいのはユーラシアの中心にある中国やロシアの共同体家族で、辺境に残っているイギリスやフランスの核家族は、一番古いものではないかということになった。特にパリは、核家族そのものなんですね。

しかし、最も遅れて変化がなかった核家族が、何かのきっかけで世界の先端に躍り出ちゃった。その意味では、梅棹さんや桑原さんの直感は極めて正しかったということになりますね。

井上 「フランスには遅れたところがある」「ヨーロッパへ未開人の調査に行く」という直感が、ですよね。

パリジャンの、お金に対する意識

――「パリの人は、成金を嫌う」というのを聞いたことがあるのですが。

鹿島　それはね、面白いことわざがあってね。「相続は金を浄化する」というのです。つまり、親父が汗水たらして金を稼いだり、あこぎなことをして大金持ちになったりしたけれども、2代目、3代目になると、その金は汚《けが》れが消えて、きれいになるという考え。フランスの相続税は、日本に比べると問題にならないくらい安いですからね。日本では、相続税をまともに食らったら、2代か3代で資産終わっちゃうから。

――「汚れが消えて」と、今おっしゃいましたが、やはりお金は汚れているという意識はあるんですか。

鹿島　かなりありますね。ただし、汗水流して稼いだ金は、汗水が付着しているから汚いけれど、その金が金を生んで大きくなった金は汚くない。いわんや、相続した金は、汗水のにおいなしだから汚くない。

これに対して、アメリカ人はその反対ですね。日本文学の草分けとして有名なエリセーエフさんが言ってました。ロシア人の大金持ちの息子で、日本に留学して夏目漱石の弟子になった人です。あの人がパリ大学で日本語学科を作った後、ハーバードに行ったのですが、「ハーバードに行って、つくづく嫌になった。アメリカ人は金のことしか言わない」と。アメリカ人は、「セルフ・メイド・マン（汗水流して金を稼いだ人)」を尊ぶ。学者でも、成り上がりの1代目が偉い。

一方、フランスのブルジョワというのは、元はといえば基本的にどケチで、かなり節約タイプの人が多い。そして、成り上がって貴族化した元ブルジョワは、自己のルーツを嫌うという面がある。ただし、今ではもうブルジョワが貴族には成り上がれないので、パリは基本的にブルジョワの都市となっていますが。

井上 じゃあ存外、大阪とよく似てるっていうか。といっても、ステレオタイプ化された大阪のことですが。

鹿島 ええ。大阪人とパリジャンは、非常に気質が合うんですよ。

井上 今日は、京都とパリの対比という話なんですけどね(笑)。

鹿島 日本のバブル全盛期、パリに免税店や日本食の店を出していた日本の商人って、ほとんど大阪人でしたね。「大阪」という名前のラーメン店もあった。今もあるけど、経営者は代わっているはず。

井上 パリのラーメン店の起源は、大阪人にあると。

鹿島 パリのオペラ座周辺に日本人街が形成されたときにいたのは、ほとんど大阪人でしたね。気質的によく合うんですよ。なぜかというと、家族人類的に、大阪はパリと同じで核家族なんですね。そうすると、メンタリティがすごく合うんですよ。

井上　そういえば、初代の通天閣は、下が凱旋門で、上がエッフェル塔なんですよね。

鹿島　その通りなんですよ。

井上　中国人のパクリを笑えない。

鹿島　おまけに、ロープウェイが通ってたんでしょ。

井上　そうです。

鹿島　かなりキッチュで楽しかっただろうなと思う。

井上　パリと大阪の通底性についてですが、この話には、リアリティもある。小説家の田辺聖子さんがね、「登場人物に大阪弁を使わせた、**フランソワーズ・サガン**[※23]ばりの恋愛小説をこしらえたい」と考えていたそうです。パリと大阪は、機知のありようも響き合うと、田辺さんは考えていた。でも、東京の編集者に「それは無理です」と、嫌がられたらしい。「誰もそんなことを大阪には期待してない」と。存外いけるかもしれへんのに。

鹿島　結構いけると思いますよ。フランス語って、一言だけ言うとき、必ず語尾を上げなきゃいけない。それが、フランス語の特徴。例えば、「アール・デコ」って言うとき、「アール・デコ↙」と言っても、絶対通じないんですよ。「アール・デコ↗」と語尾を上げなくちゃいけない。僕がルーアンに行きたいとするでしょ。パリの駅で「ルーアン↙」と言ったら、通じないんですよ。「ルーアン↗」と、語尾上げないといけない。このイントネーションって、なんとなく関西弁と似てませんか？

井上　いや、そんなことはないと思うけど。「道頓堀↗」とは言わへんけどね（笑）。

京都人の、お金に対する意識

――京都の人に、お金が汚《けが》れているという意識はあるんですか。

井上　いや、そもそも商人が多い街ですから、そんなことはないと思います。ただ、そうやね、**日野富子**※24の時代、**応仁の乱**※25のころです。日野富子は金貸しもしたんですよ。**足利義政**※26の妻ですけれども。義政が不甲斐ないもんやから、自分で相場をやるんですよ。守護大名に貸し付けたりして、自分が敵対している大名にも金貸して、そこから利財を稼いで。

後の世は、悪く言うんですよ。特に江戸時代の歴史家なんかは、そういうのを批判する。近代の歴史家も、金融で儲けること自体を良く思わない。「手に汗して働くのじゃなく、右のものを左に動かすことで儲けるのは、人の道にはずれている」とみなした。江戸の儒者たちもそう考えたんでしょうね。

その影響もあって、日野富子のことは、京都でもあんまり良くは言われてないような気がします。私は結構好きですが。日野富子のお金で、当時の守護大名たちが右往左往している様子を見ると、日野富子の段階で、日本は絶対主義に達していると思いたい。経済資本主義の発達と、封建制のバランスが取れた段階を、**マルクス主義**[※27]風に絶対王政と言うのなら。これは、ルイ14世の時代なんかよりも、はるかに早いと。なにしろ、富子は15世紀の人ですから。そう私は考えてるんですが、日本の歴史家は誰もうなずいてくれません。

鹿島　なるほど。金融から歴史をとらえる視点というのは、重要ですね。要するに、戦争には金がいる。その金を誰が負担したかということですね。今、絶対王政の話が出ましたけれど、ルイ14世の、治世《ちせい》の前半には、**ヴェルサイユ宮殿**[※28]を造営するための金をひねり出してくれる財務長官の**コルベール**[※29]がいました。しかし、治世の後半には彼がおらず、戦争ばかりして無駄金使っちゃったんです。1715年にルイ14世が亡くなると、まだ幼い**ルイ15世**[※30]が即位して、**オルレアン家**[※31]の**フィリップ2世**[※32]がレジャン（摂政《せっしょう》）に就くんですが、この人が財政処理の特効薬として有名な、**ジョン・ロー**[※33]の金融システムを採用したんです。高リスクのバブルシステムです。そして、これを導入したことによって事実上の国家破産しちゃったんです。

ところがね、国家破産すると、国って元気になるんですね。要するに、国民からの借金は全部チャラにできるから。ジョン・ローのシステムによる破産があったために、逆にフランスは健全財政になる。「破産すれば丸儲けだ」という、トランプさんみたいな発想ですね。

井上　日野富子も、応仁の乱のときに、どこの大名やったか忘れたけど、京都から退かせるために、金を払ってるんですよ。要するに、金で戦争のけりをつけるんですよ。ものすごく近代的やと思いませんか？

鹿島　近代的ですね。

井上　大名たちは男の面子とか、そういうしょうもないことにこだわってるんだけど、日野富子は金でなだめるんですよ。

鹿島　いいことですね。

井上　だけど、日本の歴史上ではいいことだと見られなかった。悪女というふうに思われたんですね。

鹿島　それと同じことをやったのが、フランスでは**タレーラン**[※34]ですね。タレーラン外交って、金で解決できるものは金でする。戦争は、最後の手段。**ナポレオン一世**[※35]とは逆の考えです。結構、いい外交官だったんです。ただし、賄賂は平気で受け取る。これがナポレオンの逆鱗に触れた。

日本には「怨霊」がいるが、フランスにはいない

井上　日本の権力者は、特に平安時代から鎌倉時代、室町時代の初期ぐらいまでが顕著だと思うんですけど、自分が追い落とした敵に怯えますね。

鹿島　怨霊を鎮めるために、何かするという御霊《ごりょう》信仰。

井上　追い落とした相手に、なんかどっかで出し抜かれるんじゃないかという怯え。

それで、怨霊退散の儀式とかが出てくるんだけど。また、それのできる霊能者が、宮廷にはびこったりもする。フランスで、仲間を裏切ってのし上がったやつに、そういう怯え方をする人、あんまりいないですよね。

鹿島　いないですね。ルイ14世は、財務卿のフーケが建てたヴォー・ル・ヴィコント城を見て、フーケにすごく嫉妬したんです。そこで、公金横領の罪をかぶせてフーケを逮捕した。その後、ヴォー・ル・ヴィコント城を造ったメンバー3人（建築家、造園家、画家）をスカウトして、ヴェルサイユ宮殿を造った。ルイ14世はフーケを獄死させたけど、なんの良心の呵責も感じてなかったようですね。怨霊なんてあり得ないっていう感じだから、御霊信仰もない。

――フランス人にも、人を恨むという感情はありますよね。

鹿島　それは強烈にあります。でも、それが怨霊になって戻ってくるから「その霊を鎮めるために」という御霊信仰はない。「**フィリップ4世**[※36]は、**テンプル騎士団**[※37]に異端の罪を着せて廃絶して、幹部を火あぶりにした。そのため、騎士団長の呪いを受けてカペー朝（フランス王国の最初の王朝）が断絶した」という言い伝えはあります。しかし、テンプル騎士団の怨霊を鎮めるために、テンプル騎士団塚を建てたというようなことはない。御霊信仰というのは、日本独特なんでしょうね。**平将門**[※38]なんてのは、いまだに御霊信仰が続いている。

井上　祟らないでくれという。

鹿島　大手町の首塚ね。三井物産本社ビルの傍らに。あの将門の首塚は一等地にありますが、祟りを恐れて絶対動かしませんよね。

井上　僕はね、不思議やと思うんですよ。周辺の企業、三井物産かな。机と椅子が全部、将門公へお尻が向かないように配置されている。それは、要するに皇居へ尻を向けるのは構わないということですよね。

鹿島　不敬よりも、怨霊のほうが怖い。皇居に対する意識ってね、**猪瀬直樹**[※39]が**『ミカドの肖像』**[※39]を書いたころまでは、「周辺のビルの高さは何メートルまでで、上から覗いちゃいけない」という規制があった。でも、今は全然関係ないですもんね。

井上　少なくともケツに関しては、皇居にならば向け放題。つまり、「朝廷に反逆した将門のほうをより手厚く遇さねばならない」といわんばかりの思いを、東京の人たちは抱いている。そういうことになるんかと。

ヨーロッパでの死の概念

――日本とヨーロッパとでは、死の概念がだいぶ違うと思うのですが、そのあたりはどうなんでしょう。

井上　そうですね。日本では、戦国の武将たちは「自分は何人殺した」って実証するために、大将の前に首を持って行った。首をぶら下げながら自分の手柄を力説するんだけど、そのことを何とも思わなかった。まあ、多少何かは思ってたかもしれませんが、とにかく、平気だったわけですよね。その点、ヨーロッパの騎士たちは？

鹿島　似たようなことで、武勲《ぶくん》として「鼻を切る」というのは、少しありましたね。

井上　**豊臣秀吉**※40のときは、朝鮮から首を持ち帰るのはあまりにしんどいからって、まあ鼻とか耳でいいというふうになったんですけど。ヨーロッパの戦争では、それぐらいだったんでしょうね。

鹿島　そうですね。どこかを切り取って持ってくるというのは、**十字軍**※41の時代にあったかもしれないですね。要するに、イスラムのやり方を逆にまねるっていうね。イスラムにはそういうの、ありますからね。
あと、死ぬということに関して言うと、キリスト教というのは、基本的に「この世は地獄で、あの世は天国だ」という考え方ですからね。キリスト教圏で幼児死亡率がなかなか抑制されないで、人口が増えなかったのは、「子どもが死んでも、天国にすぐ行けるからいいんだ」という考え方で、幼児ケアが改善されなかったからなんです。子どもがいくら死んでも、全然平気だった。ちょっと信じられないことなんだけど。

井上 「この世は地獄だ」というのは、浄土真宗のような考え方に近いのかな。

鹿島 似てますね。ヴァンサン・ド・ポールという偉い坊さんが、「ホスピス・アンファン・トゥルヴェ（棄児院）」、日本でいう「赤ちゃんポスト」みたいなのを最初に作って、捨て子にされた赤ん坊を収容したんです。それはいいのだけれども、その後のケアがものすごく野蛮というか、かなり初歩的で。その拾われた子どもたちは、ほとんど死んでいるんです。それについて、何も感じたり考えたりしていなかったみたいです。

井上 フィレンツェにも、世界最古の赤ちゃんポストみたいなのがあると聞いたことがあります。これから言うことは、想像ですよ、邪推ですよ。結局、それは修道士がしでかした不始末の処理場やったんじゃないかなという気がするんですよ。

鹿島　不始末の処理場ということだったら、女子修道院がそうですね。**『アベラールとエロイーズ』**[※42]のエロイーズが、アベラールの子どもを妊娠しますが、女子修道院に入ってから、生んだ子どもを里子に出している。これが、女子修道院の役割のかなりの部分を占めていたようです。棄児院のほうは、女子修道院に逃げ込めない、もっと貧しい階層の女性のためですね。とにかく、フランスにおいては子捨てというのは、相当に広まっていたことです。

井上　里子も含めるとね。**ジャン・ジャック・ルソー**[※43]なんて、みんな里子に出して。

鹿島　はい。子どもの大切さを説きながら、自分の子どもは片っ端から棄児院に入れていた。ルソーの子ではないですが、棄児院に捨てられた子の中で一番有名になった人は『百科全書』を作った**ダランベール**[※44]と、『泥棒日記』を書いた**ジャン・ジュネ**[※45]ですね。

日本人の、フランスに対する思い

――京都とパリのお祭りといえば、祇園祭[※46]と革命記念日[※47]ですよね。

鹿島　革命記念日ね。ちなみに日本ではパリ祭とも呼ばれるけど、これは、日本人の命名ですからね。地元では、**カトルズ・ジュイエ**[※47]（Quatorze Juillet／7月14日）。戦前、日本に『カトルズ・ジュイエ』という映画が入ってきたときに、東宝東和の宣伝部が、これじゃ絶対、検閲通らないっていうので『巴里祭《パリ》』というタイトルにしたんです。

学校の授業日程の関係で、カトルズ・ジュイエの時期にパリに行くことはあまりないのだけれど、あるとき行ったんですよ。カトルズ・ジュイエというのは、完全に軍事パレードの日だということがよく分かった。この軍事パレードを見るために、シャンゼリゼ通りに、ものすごい数の人が集まる。戦闘機のアクロバットチームが空を飛んで、戦車や自走砲が地響きを立てながら、シャンゼリゼ通りを走るんですよ。

井上　その意味では、「立ち上がれ、敵はたたきのめせ」っていう**ラ・マルセイエーズ**[※48]（フランス国歌）を体現している。

鹿島 まさに、マルセイユからやって来た志願兵の歌が、ラ・マルセイエーズで、歌詞は残忍極まりない。日本だったら、絶対に抗議が出る内容です。僕が立ち会ったのは、湾岸戦争直後のカトルズ・ジュイエだったから、特に迫力ありましたよ。

井上 悪霊を外に追い出す祇園祭のほうが、ましかもしれない。私の暮らしている洛外に向かって追い出されるので、ちょっとつらいけれども。

鹿島 ただ、カトルズ・ジュイエに、ダンスパーティーもやるんです。どこでやるかというと、驚いたことに消防署でやるんですね。消防署の消防車を全部出してしまって、その倉庫でダンスパーティーをやるんです。それぞれの地域で。ダンスパーティーのできる場所って、そうたくさんあるわけじゃないでしょう。でも消防署だけは、それぞれの地区にある。

僕がパリに滞在していたとき、アパルトマンにいたら、トントンとドアをたたく音がして。「消防署の者なんですが、あなたはダンスパーティーに参加しますか。参加するなら、会費ください」って。面白いから会費払ったら、招待状が届いて。そこの消防署の倉庫で、地域の人たちがうわーっと老若男女、一晩踊り明かす。これがカトルズ・ジュイエの遊び方ですね。

井上　今、フランス以外の国で、7月14日を祝っているのって、日本のほかに……

鹿島　あり得ない。

井上　カナダのフランス語圏、ケベック州とかはどうですか。

鹿島　ケベックは、反革命の拠点だったブルターニュ系の人が築いた植民地だから、むしろ反革命的だと思いますよ。ルイ14世の銅像があるくらいだし。

井上　京都でも、あんまり7月14日を祝う人はいないと思うんです。祇園祭で、それどころじゃあない。アンスティチュ・フランセ関西（旧・関西日仏学館）ではやってるかもしれません。でも、東京では、まだやってらっしゃる。

鹿島　パリ祭は、かつて銀巴里（銀座にあった日本初のシャンソン喫茶店）などで、はやっていた。今も時々、パリ祭の案内が届くから、まだやってるんでしょうね。

井上　やったはる。前田日明《あきら》という、プロレスラーの想い出をしゃべらせてください。彼はもう引退しているんです。80年代が一番輝いていたときでした。そのころ、テレビ朝日の中継で、アナウンサーの古舘伊知郎は、前田日明のことを「黒髪の**ロベスピエール**※49」と言ってたんですよ。

鹿島　そうなの？

井上　当時のプロレスは、20パーセント近い視聴率を取っていました。それだけのプロレス愛好家たちに、「ロベスピエールという名前が届く」という判断があっての実況なんですね。日本人の教養ってすごくないですか。

鹿島　同じような話があります。『第三の大国・日本』の著者で、アヴァス通信社（現在のAFP通信社）の特派員だったフランス人ジャーナリスト、ロベール・ギランさんが書いてるエピソードです。**マティス**[※50]が亡くなったときに日本の漫画家が、マティスが天使になって昇天していくという一コマ漫画を、マティス風に描いた。ギランさんは、これを見て驚いた。「日本人はすごい。偉大だ。たったこれだけで、マティスが亡くなったということが誰にでも分かる」と。

井上　逆にフランスのテレビでね、「マルセイユの**高杉晋作**[※51]」という言葉が飛び交うとは、とても思えないんですよ。だってあり得ないでしょう。

鹿島　あり得ない。

井上　まあ、もう今は、日本でも「黒髪のロベスピエール」と言われても、「それ何ですか？」になるんじゃあないかな。おフランスの値打ちは落ちたように思います。何でこういう状態になったのかは分かりません。アメリカでも、もうそれほどフランスに憧れていないんじゃないかなと思うんですけれども。

鹿島　いや、アメリカにおける、ただし東海岸におけるフランス・コンプレックスは、かなりのものがあります。

井上　まだありますか。

鹿島　もうだいぶ前になりますが、ニューヨークに行ったとき、ヒルトンホテルに泊まったんです。トラブルがあっていろいろ文句を言おうとしたんですが、私の英語は全く通じず、散々馬鹿にされてしまった。そこで、仕方ないからフランス語で話したら、とたんに態度が変わった。

井上　そういう話はあり得ると思います。だけど、アメリカでプロレスを見てる人に、ロベスピエールをはじめとするフランス革命がらみの固有名詞が通じるとは思えないですよ。だけど、１９８０年代の日本では、それが通用した。

鹿島　それはそうですね。ただ、昔の西部劇の中に、フランス・コンプレックスのようなものを見つけることはできる。西部劇にはサルーン（酒場）が出てきますよね。その酒場の女というのが、パリから流れてきた女という設定になっていた。実際、かなりのフランスの娼婦が、アメリカ西部に行ってたらしい。

井上　ルイジアナだけじゃあないんでしょうね、それは。観光大国フランスを支えてるのは、女の人なんやね。

第2章

京都の花街、パリのキャバレーや娼館

宗教家とエロティシズムの関係

井上　あの、京都では、芸妓さんたちと遊んでいるお坊さんを、見かけることがあるんですよ。「百人一首」の姫、坊主……を地で行く光景が、しばしばおがめます。お坊さんの女遊びには、京都人だけでなく、日本人全体が比較的温かい目を向けているように思います。お坊さんがキャバクラに、袈裟《けさ》を羽織って遊びに行くのも、京都ではよく見かけますけど、パリではどうでしょうか。カトリック神父の夜遊びは。

鹿島　まあ、少なくとも僧服のままということはあり得ないですね。カトリックってやはり、エロティシズムに対して非常に厳しいですからね。もちろん、全くないわけではないんですけどね。

井上　こっそりやりますよね。

鹿島　ただし、中世、例えば**百年戦争**[※1]以前の段階においては、禁欲主義というものは、地に落ちていたんですね。**フックスの『風俗の歴史』**[※2]によると、ヨーロッパ中の女子修道院は、売春宿にほとんど等しかったようです。坊さんのスケベさ、悪辣《あくらつ》さというものが、極まっていたことは確かなんですね。

そこからまず、フランチェスコ会、ドミニコ会などという改革派の修道会が生まれてくる。次いで、プロテスタントが反旗を翻す。すると、今度はイエズス会が生まれてくる。我々は「反宗教改革」という用語を歴史で習いましたよね。近年は、「対抗宗教改革」と表現するようですが。具体的に何が起きたかというと、女犯《にょぼん》（僧侶が戒律を破り女性と性的な関係を持つこと）を禁じ、女訓《じょくん》（女性に対する戒めや教訓）をかなり厳しくしたんです。これが、反宗教改革の主たるものではないかと私は考えてます。

井上　なるほど。ええ加減なこと言うたらいかんねやけど、「尼寺の中には、坊主が尼僧を愛人として囲ってた、事実上の妾宅《しょうたく》もあったんじゃないか」と言う人がいらっしゃるんです。私は調べてないので、分かりませんが。

鹿島　確かにね、女子修道院というのは、18世紀ころまでは、不慮の形で妊娠してしまった女性が子どもを産む場所ではあったんですよ。先ほども少し話しましたが、中世でも、『アベラールとエロイーズ』のエロイーズは、アベラールの子どもを宿して、修道院で産んでいる。この種のケースはいくらでもあるから、女子修道院が、秘密の産院の機能を果たしていたことは確かですね。

女子修道院が、愛人を囲う場所であったかどうかですが、フランスでの具体例は思いつきません。しかし、イタリアのヴェネツィアに、そういう習慣があったことは確実です。僕が最近出した『カサノヴァ 人類史上最高にモテた男の物語』に書いた話ですが、**カサノヴァ**[※3]は、ヴェネツィアの女子修道院にいたMMという尼僧と、とてもいい体験をするんです。そのMMは、フランス大使のベルニスの愛人で、修道院をかなり自由に出入りして、ベルニスともカサノヴァとも逢瀬を重ねています。

井上 フィレンツェの世界最古だという赤ちゃんポストも、修道士や修道女の不始末用だと私が考えるのは、そのせいでもあります。今述べられたお話でも、囲ってるパトロンは時々、修道院に「献金」という形でお手当を渡してるんでしょうね。

鹿島 そういうことですね。これも、『カサノヴァ』の回想録に出てくる話ですけれども、ベルニスはMMではなく、人妻を愛人にしているとき、おおっぴらに給金をあげたり、お金を渡したりできないから、賭けをして必ず毎回負けてやるという形で手当を払っていました。

井上 なるほど。滋賀の三井寺の坊さんに聞いた話ですけど、ご当人が銀座のクラブに僧服のままで入って行った。すると、周りの目が凍っていたと。

鹿島 それは凍りますすよ。

井上 「ああ、しもた。ここは京都とちごたんや。ぼんさんの格好で行ったらあかんかったんやと、そのとき気が付いた」と。そう、堂々とおっしゃっておられました。やっぱり、坊さんがクラブとかに、袈裟を羽織ったまま遊びに行くのは、京都ならではのものだと思います。

鹿島 私の知り合いに、遊び人の坊さんがいますが、さすがに僧服でクラブに出入りはしていません。

井上 ずいぶん前に、京都の高台寺のお坊さんから聞いた話ですけど、毎週合コンやってたそうですよ。破戒坊主（宗教の戒律を破る坊主）に寛容なんですね、日本人は。とりわけ、京都の人は。僕はこのことを恥ずかしいと思う半面、こういう京都の光景を、宗教へのこだわりで戦争なんか起こす人に見てほしいなとも思うんです。まあ、反発食らうだけか。フランスでは、坊さんをからかう文化はありますか。

鹿島 坊さんをからかう文化は、元から非常に根強いですね。

井上 でもね、百人一首の「坊主めくり」ってあるでしょ。姫さんが出たら「ばんざーい」、坊主が出たら、「うわー坊主や」って。そんなルールのトランプとか、考えにくいでしょう。

鹿島　そうですね。ただ、フランスで中世に作られたファブリオ（日本の落語のような小話）では、スケベ坊主とスケベ医者が「二大・裏で悪いことするやつ」ですね。僕は、ファブリオの世界の話だけだと思ってたんですが、**ル・ロワ・ラデュリ**※4という歴史家が、異端審問の記録をもとにして書いた**『モンタイユー』**※4によると、事実だったようでね。女性を妊娠させちゃったり、坊さんは散々悪いことをしていたという記録が載っていいます。まあ、それも反宗教改革で、かなり淘汰されたんじゃないかな。

日本の花街とフランスの娼館

井上　宮廷のサロンは、日本でも平安時代の院政期まではあったと思うんですよ。いや、鎌倉時代や室町時代前半ぐらいまでは、あったかな。宮廷や有力貴族の家は、歌の才能や教養がある女房、美しくて魅力的な女房たちを邸内に集めていた。**モンテス**

パン夫人[※5]だとか**マントノン夫人**[※6]に相当するような人は、日本にもいたんですね。

ところが、秀吉の時代ぐらいから顕著になるのかな。家の外側、街の一画に遊郭とか花街を設けて囲って、華やかな女たちをアウトソーシングさせてしまいますよね。朝廷の中で遊んでくれる女の人たちは、だんだんいなくなる。今でも政治家が行くサロンといえば、銀座であったり、ちょっと前は新橋でしょうか。霞が関や永田町の中に、遊び女《め》はいないと思います。フランスは、そういうふうにならなかったんですよね。

鹿島　フランスでも未分化の段階では、サロンは上部構造と下部構造の両方を兼ねていました。ところが、時代が進むと、旧サロンの持つ上部構造的なところは、いわゆるサロンに保存され、下部構造的なところは、**メゾン・クローズ**[※7]という形で囲い込まれました。遊郭ではないけれども。

井上　娼館ですね。

鹿島　はい。娼婦の館ね。これは明らかな囲い込み思想ですね。日本と同じ。日本と同じというよりも、まずヨーロッパで囲い込み思想が発達し、明治時代になって**赤線**[※8]という形で輸入されたわけです。

井上　私には、ちょっと異論があるんですよ。フランスでそういう囲い込みを始めたのは、多分ナポレオンのころじゃないかと。

鹿島　その時代ですね。

井上　で、それより100年以上早く、秀吉が。

鹿島　囲い込みをやってる。

井上　はい。ひょっとしたらオランダ人が、日本の進んだ近代的なやり方をヨーロッパに伝えてるかもしれんという。まあ、冗談ですが。

鹿島　なるほど、逆輸入バージョンね。

井上　私は、日本のほうが先に近代化されていた可能性もあるのかなと思っています。

鹿島　フランスの「規制主義」の起源をいろいろ調べたのだけれども、面白いのは、その別名は「サン・トギュスタニスム」というんです。訳せば「聖**アウグスティヌス**[※9]主義」。なんで、売春を囲い込む規制主義がサン（Saint／聖人）・トギュスタンの名前で呼ばれるのか不思議に思ったんですが、どうもそれは次のような理屈らしい。彼は、「人間は基本的に弱い存在である。誘惑、特に女性の魅力には打ち勝ちがたい。特に美人や肉感的な女性に、男が欲望を感じてしまうのは当然だ」と言っていたから。

井上　ああ、面食いは愚かだと考えない。

鹿島　考えない。それは仕方がないこととする。だから、その弱さを乗り越えてこそ、キリスト者であると。これは、プロテスタンティズムにも通じる考え方です。

井上　いや、乗り越えてこそキリスト者と言うんなら、マリアをあんなに美しく描く必要はないと思う。聖母を誘惑の源である美形にして、乗り越えるべき対象にしてしまったのは、なぜでしょう。反宗教改革以前、ルネサンスのころからやと思うんですけど、ヨーロッパ美術って、マリアをすごく美人に描くじゃないですか。「マリアが美人だった」と聖書のどこにも書いてないのに。

でね、あのルックスへのこだわりというのに、何かこう、仏教やイスラム教にはないヨーロッパの何かを感じるんですよ。マリアを美人にしなければ、人々に信仰心が芽生えないとでも言うんでしょうか。何なんや、あれ。プロパガンダ（特定の主義や思想に誘導する宣伝活動）の都合で、美人にした面もあると思うんですが。**東方教会**※10の古いイコン（聖像）を見ても、マリアは……

鹿島　美人になっていない。というより、あまり描かれていない。

井上　そうなんです。カトリックなんですよ。マリアを美人にしたのは。

鹿島　まあ、アウグスティヌス（サン・トギュスタン）自身がかなりの遊び人で、そういうのが好きだったとしか思えない。だから、自分を正当化するためだったんじゃないかと思います。「誘惑に負けそうになるということ自体が、神に選ばれた一つの印である」なんてことを言い出す。つまり、性欲の強い人間ほど神に選ばれた人間であり、我慢すれば、それだけいい聖職者になれるというわけです。

そうなると、欲望はしようがないということになる。仏教のように、これを滅却することはしない。でも、性欲が社会的に爆発してしまうと混乱を招くから、一区域に囲い込むということになる。そこから、規制主義の別名「サン・トギュスタニスム」が生まれたんですよ。

井上　サン・トギュスタンは、いつごろの人なんですか。

鹿島　ローマ時代の人ですよ。今のアルジェリアで、4世紀から5世紀まで生きた人です。

井上　それは、秀吉よりとても古い（笑）。いや、秀吉もね、自分の一番の弱点は女だと。これは囲い込まにゃいかんと、どこかで思ってたんじゃないかなとは思うんですよ。

鹿島　それはあるでしょうね。その規制主義というのが、フランスではメゾン・クローズという形で行われたんです。

井上　メゾン・クローズのクローズは。

鹿島　「クロ（clos）」というのは「囲い込まれた、閉じられた」という意味なんですよ。「メゾン（maison／家）」は女性名詞なので、形容詞も女性形になって「クローズ（close）」。

井上　英語のクローズと。

鹿島　クローズと、語源的には同じです。「閉じる」という意味と、「囲い込む」という、二つの意味がね。だから、エンクロージャー・ムーブメント（囲い込み運動）と語源的には同じことですよ。

井上　なるほど。

鹿島　ところが、メゾン・クローズを作って囲い込むとなると、そこで遊びたい客としては、それがどこにあるのかが分からない。何の印もチラシもないと、探しようがない。客に知らせる必要はあるけど、今の日本みたいに、看板やネオンサインが派手にあるのは絶対ダメだった。

その後、業者と行政の間で攻防が繰り返されて、業者のアイデアで番地だけを大きく書くことにした。例えば、8番地のメゾン・クローズだったら、「8番」という数字だけをバーンとでかく書いた表示板を作る。番地を大書きしてあるところがメゾン・クローズの目印で、そこを「メゾン・ド・ニュメロ」、つまり「番地の家」と呼ぶようになった。

井上 日本では近代以降、銀座とか北新地（大阪）に、祇園も北のほうはそうかな、一階から最上階まで全体で「うちは風俗の店ですよ」と自己主張しているような建物ってあるじゃないですか。あるいは、派手なラブホテルが建ってたりする。ああいうものは、パリではまず考えられないですよね。

鹿島 考えられないですね。パリのメゾン・クローズは、最初はお上の指導で作ったものですから。建物自体は何の変哲もないものです。

井上 まあ、**ムーラン・ルージュ**[※11]は、風車小屋の形なんだけれども。あれは、風車小屋が後から街の範囲に取り込まれたということですよね。最初から、あの姿を風俗営業のシンボルにしていたわけじゃあない。

鹿島 ムーラン・ルージュはメゾン・クローズではなく、キャバレー兼ダンスホールという営業だから、風車小屋の形も許された。風車小屋は、以前モンマルトルの丘の上で粉挽き小屋として使われていたものを、レプリカで造ったんです。ただし、キャバレー兼ダンスホールとはいうものの、実際には私娼（公の許可を得ていない娼婦）の巣窟でしたが。

ところで、メゾン・クローズの歴史をいろいろ書いてみて分かったのだけれども、メゾン・クローズは最初、最も直接的な理由、性欲を満たすためだけに作られた。けれども、これが徐々に変わってくるんですよ。男の側に、ただ性欲を満たすだけじゃつまらない、恋愛感情、疑似恋愛感情を味わいたいという願望が出てくるんです。そうすると、あまり即物的なのじゃなくて、もうちょっとソフトな段階もあったほうが客が来るんじゃないかというようになって。メゾン・クローズの構造が多少変わってきて、一階がちょうど日本のキャバクラみたいな感じになる。そこで気に入った人と、二階に行けるという二段階構造になってくる。

井上　日本でも、遊郭に行くのとは違い、芸妓さんと遊ぶのは一応そういう建前になっていたと思う。

鹿島　一次過程ですね。

井上　一次過程ですね。セックスへ至るまでのあれこれ、前奏部分をそう呼ぶのなら。結局、最終的にはお金で落としているんですが、落としたおっさんは「金じゃない」と思えるような。

鹿島　金じゃないと思いたい。疑似恋愛。俺という男に惚れたんだと。そういうふうに思いたいんですね、男は。

井上　はい。

鹿島　パリのメゾン・クローズでも、一次過程だけで、別に上の階まで行かない二次過程なしの客も結構来るようになったんです。最終的には、女の人も来ることになる。**コレット**[※12]とか**ミスタンゲット**[※13]なんていうスターが、結構そこを利用するようになる。

井上　祇園に通う瀬戸内寂聴みたいなものですね。

鹿島　僕は、売春の歴史を調べる前は、二次過程だけのものがパリの売春だと思っていた。けれども、パリでは一次過程もちゃんと発生してたんですね。もちろん、一次と二次の境目なしのメゾン・クローズもたくさんあったわけですが。

　で、一次過程と二次過程に分かれたメゾン・クローズの全盛期になると、二次過程もさらにファンタジックになって、ありとあらゆる男の幻想を満たすようになる。例えば、「オリエンタリズム（東洋趣味）で遊びたい」とか、「エジプトのファラオ（古代エジプト王の呼称）気分になりたい」とか。

井上 トルコ風呂で、スルタン（イスラム王朝の君主）のハーレム気分を……

鹿島 はい。そういう、ありとあらゆる部屋がある。そういうことを報告してくれる人はあまりいないのだけれども、日本で悪魔学を作った酒井潔さんっているでしょう。この人が、『巴里上海歓楽郷案内』という風俗ルポを書いている。非常に貴重な、いい本ですね。当時のパリの売春に関するあらゆることをレポートしてくれていて、当時のフランスの文献よりもはるかにレベルが高くて、詳しい。

井上 私は、上海とパリの途中にあるシンガポールとか、マカオにも、結構同じような営業があったんじゃないかと思っています。シルクロードではないけれども、パリと上海をつなぐ「スケベロード」のようなものが。

日本とフランスで、政治的にも使われた性風俗

鹿島　スケベロード、あったんでしょうね。イギリス風、フランス風と分かれていただろうけれども。それはそうと、以前、国立国会図書館を見学したときに、戦前の禁書コーナーというのがあったんですね。左翼大弾圧の後、1930年ごろを境に、とにかくああいう類いの本がどっと出てるんですよ。

井上　確か、あのころからエロ本を当局が認めるようになったという。

鹿島　そう。警察がね。

井上　エロをあてがえば、左翼がとんがらなくなると。左翼を丸めるには、エロ本が一番だということで。

鹿島　そういう本まで、大量に許したんですよ。

井上　と聞きますね。

鹿島　そう。それは1970年にピンクキャバレー、ピンサロという風俗店が大繁盛したのと同じ理屈ですね。「ハワイ」とか「ロンドン」とか。我々団塊の世代が、暴力

学生として暴れまくるのを防ぐため、性欲を解放すればおとなしくなるだろうと、警視庁が全面的に風俗店を許可したのと同じこと。

というわけで、1930年を境に、日本人が世界のエロゾーンを武者修行して歩いた報告書が山のように出されるんです。これ、本当に面白くてね。ドクトル・島洋之助という医師が『童貞の機関車』という、すごいタイトルの本を書いていたり。

井上　『貞操の洗濯場』とかね。

鹿島　そうそう。世界エロ巡りの体験本。

井上　よくあんな恥ずかしいタイトルで、出したもんだと思うんですが。僕がサロンの問題は大事だと気付いたのは、実を言うと東京でなんですよ。ある政治家のところに地元から陳情に来た団体が……ほんま言うと、政治家の名前も憶えているんですが、それは差し控えます(笑)。便宜的に宮崎県の団体としておきましょう。その陳情が終わった後、銀座で遊んだはったわけです。

たまたま私も人に奢ってもらってその店に行って、陳情団だということを教えてもらったんです。あまりにも恥ずかしい彼らのはしゃぎように、私は思ったんです。この人たちは本当に陳情に来たんだろうか。陳情は、銀座に来る口実だったんではないか。多分、その席を設けた政治家には、「次の総選挙のときは、よろしく頼むよ」という意図があったんではないか。そういう陳情団だったような気がします。こういう振る舞いは政治的な意味を持つと思うんだけれども、政治学の論文で、ここに焦点を当てたものってないわけですよ。

鹿島 そうですね。

井上 **待合政治**※14と、口では言いますけれども、その内実に迫ろうとした研究はないわけです。

鹿島 それについて、僕がたった一つだけ貢献できたのは、『赤坂の攻防』という**モノグラフィー**※15に書いたこと。井上さんもご存じのように、赤坂の芸者は「麦飯芸者」と呼ばれていた。つまり、新橋とか柳橋に比べると、赤坂は三流の芸者街だった。

井上 明治時代はね。

鹿島 そう。今は麦飯って高級食ですが、当時はほんとに貧乏人が食べるものだったから。それぐらいレベルの低い芸者、という意味だった。戦後も一時期までは格下だった。ところが、キャバレー・ミカドができたころから、赤坂は虚名を博して、地方にも鳴り響くようになった。

その虚名と実際の落差を利用したのが、自民党の政治家だった。彼らの回想録には、「地方からやって来る、陳情団みたいな人を接待するのに、赤坂はとても便利だった」と書いてある。赤坂の店は、政治家のようなプロの実需客には、格下の盛り場の値段でOKする。

つまり、陳情団を接待するときなど政治家が自腹を切るとき、政治家に「安く頼むぜ」と言われると、安くしてあげるわけです。ところが、それに味をしめた地方の客が来ると、ガーンと高額な支払いを要求する。こうした二重価格がまかり通ったのが、赤坂なのです。

井上 源平時代前後の話ですが、京都の宮廷警備に、関東武士たちが唯々諾々《いいだくだく》と仕えました。何年か働くと、「何とかの守《かみ》」にしてもらえる。「それが嬉しくて京都の宮廷警備に従事したんだ」と、一般的に日本史の学者は解釈するんですよ。だけど、私はそれだけじゃないだろうと思う。

やっぱり、簾《すだれ》の向こうに垣間見えるお姉さんの姿も、彼らをつき動かしたんじゃあないか。「あの平《たいら》の何とかという武士は、勲功《くんこう》できれいな人を下げ渡してもらったらしい」「じゃ、俺も」という、こういう女の人が持っていた力、京都の武力ならぬ美人力が、政治的にも大きく働いたのではないかと思うんです。銀座のホステスさんが、地方の陳情団をひきつけたように。フランス史ではどうですか。

鹿島　フランス史でも、明らかにありますね。それは、なぜドイツ軍はパリを目指すかという話で。

井上　やっぱりあちら、パリには、ええ女がおるという。

鹿島　そう。**ナポレオン戦争**[16]のとき、1815年、**ワーテルローの戦い**[17]でナポレオンを破った**プロイセン**[18]軍の**ブリュッヒャー将軍**[19]がパリに入城した。ナポレオンを追い出して、プロイセン軍はものすごい多額の賠償金を受け取ったわけですよ。

ところが、そのブリュッヒャー将軍率いるプロイセン軍は、パレ・ロワイヤルっていう悪の殿堂で、賠償金を博打と女に全部使ってしまった。だから、あっという間にフランスが金を取り戻したといわれています。

井上　すごい仕組みですね。

鹿島　しかも、それが歴史で何度か繰り返された。**普仏戦争**[20]のときにも、パリに突入したプロイセン軍は同じ轍《てつ》を踏んだ。

井上　フランスからこれだけ金をせしめたんやから、ドイツに戻ってベルリンの女と遊ぼうというふうに考えない？

鹿島　それはないですね。

井上　やっぱり、パリなんですかね。

鹿島　パリの女に対する、ドイツ人の幻想は大きいんです。しかも、ヒトラーのパリ占領においても繰り返されたんです。

井上　パリのそういう女性幻想ができるのは、いつごろからなんですか。

鹿島　それはかなり早い段階です。パリが「ヨーロッパの売春宿」と呼ばれるようになったのは、ルイ14世の時代のちょっと後の、**摂政時代**[※21]くらいからですから。

井上　それ以前は、多分ヴェネツィアとかだったと思うんですよ。ルネサンス期には。

鹿島　パリがそう呼ばれるようになったのは、18世紀でしょうね。

井上　ヴェネツィアから、そういうのを奪い取ったんですね。女の輝く都という名声を。

鹿島　ヒトラーのときも、ドイツ軍の将校団は、さっき言ったメゾン・クローズをほとんど接収した。それはあんまりだと、パリジャンたちの恨みを買いました。女を横取りされた恨みは大きい。

パリの娼館は、スパイの温床だった

井上　パリ解放の後で、ドイツに協力したフランスの女の人が、バリカンで頭を刈られますよね。怒り狂ったフランス人に。あれで坊主頭にされた女の人には、メゾン・クローズの人もいはったんでしょうか。

鹿島　いっぱいいたんです。そのために、対独協力したメゾン・クローズを廃止しようという動きも出て。売春婦上がりの市会議員の提案で、法案が可決されてしまった。

井上　売春婦上がり（笑）。

鹿島　元売春婦なんですよ。マルト・リシャール市議。売春婦上がりで、飛行機のパイロットだったという変わった経歴の女性でね。

井上　**市川房枝**[※22]先生とは違いますね、そこは。

鹿島　この人が作った法律で、メゾン・クローズは禁止になった。売春自体は禁止にならなかったけれども、メゾン・クローズの営業、管理売春は禁止された。ナチに接収されて対独協力したからという理由で。

でも、メゾン・クローズの経営者の中にはなかなかうまく立ち回った者もいて、ナチに協力すると同時に、レジスタンス（反独）にも協力する人がいた。ナチからもらったお金を、そっちに流したりしていた。

井上　娼館は、スパイの温床やと思うんですよ。

鹿島　そうですね。

井上　そこでは娼婦たちが、どっち側の陣営のおっさんにも、まあ体を与えるわけじゃないですか。おっさんって自慢しいやから、寝物語でね、「ドイツ軍は公式的にこう言うてるけどな、ほんまはこういうこと考えてる」とかしゃべる。その話が、レジスタンス側に流れるわけじゃないですか。

鹿島　もちろん、そうです。

井上　各国のスパイ組織が、そういうものを作るケースだってあると思うんですよ。

鹿島　そうですね。

井上　戦後の東京で、東京温泉という、当時の言葉でいうトルコ風呂（現在のソープランド）を最初に作ったのは、許斐氏利《このみうじとし》という人です。戦時中は、上海で諜報活動に携わっていたんですよ。そして、娼館には馴染んでいたと思う。いろんな情報を獲得するには、そういう場所が便利ですから。その体験も、戦後のいわゆるトルコ風呂を開業することにつながったんじゃないかな。まあ、トルコ風呂が娼館化するのは、売春防止法以後ですが。

鹿島　そうでしょうね。面白いのは、メゾン・クローズは戦後なくなったはずでしょう。ところが、非合法でちゃんと生き残っていたんです。文字通りの「メゾン・クローズ（閉じられた家）」になって。誰がそこで接待されたかというと、これが日本人なのね（笑）。というのも、戦前にパリで遊んだ大物政治家が、楽しかった想い出を派閥の陣笠《じんがさ》議員（採決のとき大物政治家の「挙手要員」になる政治家）に自慢したから。

例えば、大野伴睦《ばんぼく》。彼が戦前、都議会議員団の団長としてメゾン・クローズへ行って、いろいろ遊んだという話は、石黒敬七《けいしち》さん（随筆家、柔道家、レジオン・ドヌール勲章受章者）がちゃんと書いている。戦後、ヨーロッパ旅行が解禁されると、大野伴睦のような人から伝説を聞かされた自民党の政治家が、海外視察という名目で「パリで女買うぞ」と、うわーっと出かけた。外務省のアテンドが案内したりしたんだけれど、政治家の数が多すぎて面倒見切れない。

そこで、主にこれを代行したのが、某総合商社の社員。商社では専属のアテンドを作って、専属契約している秘密のメゾン・クローズに政治家を案内した。これは、商社のアテンドをしていた人から聞いた話です。

井上　これは言いにくいんですけれども、元外交官で作家の佐藤優《まさる》さんに聞いたことがあるんです。ソビエトから来る政治家、ロシアから来る政治家に、北方領土問題の交渉が終わった後、日本で喜ばれるいい発言をしてもらいたいと。いい発言を引き出すためには、やはりあてがわないと……

鹿島　アテンドをしなきゃいけないわけね。

井上　「それは、外務省の機密費でやり繰りしてたんですか」とお尋ねしたら、「いや、外務省のお金はそんなことに使えない」と。「じゃ、どうしたんですか」と聞いたら……これ言うていいんかな。いや、やめましょう、もうこれはね。

——佐藤優さんは、「結局、女性と外交というのは、密接な結びつきがある」と、おっしゃっていますよね。

井上　だけどそれは、外交史研究の表に出ないわけです。東大法学部あたりが世に問う論文集には出ないんですよ。だからせめて、こういうところに出しておいて（笑）。

京都のお茶屋とパリの娼館は、管理システムが似ている

井上　僕は日本の、何というか銀座のクラブみたいなものの存在の根っこには、やっぱり京都のお茶屋があると思います。

鹿島　そうですね。

井上　それを一番感じるのは、銀座では今でも「ママ」というでしょう。あそこにはやっぱりお茶屋の「お母さん」という、あの伝統が生きていると思います。ホステスさんの名前も、源氏名というじゃないですか。やっぱり**『源氏物語』**※23が、相当矮小化された形で生き延びているんだと思うし。フランスのメゾン・クローズとか、キャバレーに「ママ」という言い方はあるんですか。

鹿島　ないわけではないですね。メゾン・クローズのおかみさんのことは「ママ」というふうに呼んでいますね。特に、その店で働いている娼婦は。

井上　呼んでるんですか。

鹿島　ええ、呼んでますよ。女の子たちは。公的には「マダム」、私的には「ママ」と

いうのが普通かな。

井上 その呼び名は、日本に駐屯していた米軍兵士が、パリに伝えたんじゃあないですか。

鹿島 それはどうだか（笑）。メゾン・クローズって、だいたい小金を貯めた商人が経営していた。日本の遊郭も結構そうだったようですよね。フランスでは、愛人から手切れ金としてもらった金で、元私娼が娼館を始めるというケースも多かった。

でも、面白い規制があって、経営者は必ず夫婦でなければいけないとされていた。そのため、娼館上がりの人たちは、適当な男を選ぶわけですよ。

井上 偽装結婚ですね。

鹿島 そう、偽装。実質は自分一人の経営なんです。というのも、旦那をメゾン・クローズに入れておくと、店の女の子と浮気する可能性があるから。こうした女性経営者は管理者であると同時に、女の子の親代わりとなる。だから女の子たちにとっては、ママになるわけ。しかも、この親子関係は濃密なんです。女の子たちをほとんど外に出さないから。

娼婦の館がどういう利権構造になっているかというと、客からも金を取るのだけれども、女の子たちからも巻き上げちゃう。つまり、服とか装飾品とか食べ物を女の子たちに買わせて、お金を吸い上げちゃう。だから、女の子たちは、ほとんど娼婦の館から出られなくなるんですね。

井上 じゃ、あまり日本の遊郭やお茶屋と変わらないですね。といっても、かつてのそれですが。

鹿島 変わらない。まさに、前借りシステム。

井上 私は今まで、銀座のナイトクラブは、京都系列の日本文化を背負っていると思っていました。そのことを示すのが源氏名であり、「ママさん」という呼び方だと思ってたんです。でも、実はパリもそうだと言われ、ちょっと今日は考えを改めました。ところで、フランス人は、お金を持ってきてくれるパトロンのことを「パパ」と呼びますか。

鹿島 それはどうだろう。

井上 ヨーロッパへ行けば、「パパ」はローマ法王のことでもあるから、いくらなんでも言わないよね。

鹿島 ハーフの歌舞伎役者、(15代)市村羽左衛門がヨーロッパに行って、向こうのメゾン・クローズで大いに遊んだんですよ。そしたら、その羽左衛門のことを女の子が「モン・プティ・ラパン（mon petit lapin）」と呼んだ。直訳すると「私のちっちゃなうさぎさん」、要するに「私のかわいい子」っていう意味ね。彼は、「おい、モン・プティ・ラパンってどういう意味だ」と、当時アテンドをやった渡辺紳一郎に尋ねてますね。「パパ」と呼んでないことは確かだ。

井上　『プレイボーイ』誌のうさぎちゃんというのも、そこから来てる?

鹿島　どうなんだろう、分からない。まあ、「モン・プティ・ラパン」は、メゾン・クローズの客に対してだけではなく、恋人や子どもにも使う表現ですがね。それと直接関係ないけど、うさぎってすごい繁殖力が高くて、繁殖の象徴なの。

井上　分かります。相当元気らしいですね。ところで、相変わらずこだわりますが、**ロラン夫人**※24は売春婦ではなかったと思います。

鹿島　ロラン夫人はブルジョワ出身で、夫もブルジョワです。

井上　はい。彼女のサロンに、フランス革命で活躍した**ジロンド派**※25の面々が集まった。彼女の意見で、ジロンド派がまとまるというようなこともよくあった。そのあり方は、赤坂の料亭に通じるんじゃあないでしょうか。娼館ではなく、ブルジョワのロラン夫人のサロンが、日本でいう待合政治の場になっていました。メゾン・クローズの囲われた場ではないところが、政治に供《きょう》されていたわけです。フランスでも、それは例外的だったのかもしれませんが、とにかく、マダム・ロランというサロンの大ホステスが成り立ち得たわけじゃないですか。これ、日本ではあんまりないと思うんですよ。

鹿島　そうですね。フランスのそういう政治的・文学的サロンで、かつ下部構造も持った元祖は、ルイ14世の時代のニノン・ド・ランクロという女性が開いたサロンです。ニノン・ド・ランクロというのは、高級娼婦とされているのだけれども、実際にやっていたことはロラン夫人同様、かなりレベルが高かったんですね。

じゃあなぜニノン・ド・ランクロは娼婦として扱われたかというと、結婚していなかったからなんです。つまり、マドモアゼルだった。夫に縛られないという選択肢を選ぶと、当時は娼婦扱いになっちゃった。

井上　事実上の娼婦だった**デュ・バリー**[※26]でも、夫人ですからね。

鹿島　夫人にしないと、宮廷には入れないからね。

井上　**ポンパドゥール**[※27]さんも夫人。

鹿島　ポンパドゥール夫人には、ポンパドゥール侯爵という夫がいたわけではないんです。夫は、徴税請負人のル・ノルマン・デティオールという男。ルイ15世に気に入られて愛妾《あいしょう》になると、夫とは別居したのですが。平民の妻というのでは都合が悪いということで、ポンパドゥール爵領をルイ15世からもらって、マルキーズ・ド・ポンパドゥールとなったんです。でも、ポンパドゥール侯爵という男の妻だったわけではないので、正確には「ポンパドゥール女侯爵」と訳さなければいけない。侯爵領の所有者は、男なら「マルキ」、女なら「マルキーズ」になるわけです。

パリのサロン文化が花開いた背景

井上　今の、ルイ14世の宮廷に群がる夫人たちの話は多分、平安王朝の女房たちに割合近いと思うんですよ。領地をもらって、持ってる女房もいなくはないですし。その女房が集うサロン。日本文学史的には、紫式部のサロンなどが輝かしく語られます。でも、そこにあったのは、別にそういう文学だけのサロンじゃあありません。「あの女房きれいやな」とか「あの女房は、させてくれるらしい」とか、そういうサロンもあづたんです。
　だから私は、ショービニズム（排外的な愛国主義）がすぎるかもしれませんが、やはり言いたい。平安王朝は、ヴェルサイユを先取りしていたと。

鹿島　全く先取りしていますね。あの時代のフランスというのは、まだ**フランク王国**[※28]を廃して宮宰《きゅうさい》（宮廷職の中で最高の職）のユーグ・カペーが王権を握ったばかりの野蛮な国でした。というか、ヨーロッパで北は長い間、野蛮地域だったんです。南の地域が文明地域。

井上　やっぱり、ローマに近い南のほうが。

鹿島　そう。12世紀に、アリエノール・ダキテーヌという、アキテーヌ公国の女性領主がいましたけれど。この人は、フランス王**ルイ7世**[※29]の奥さんになって十字軍に行くんですが、後に離婚してアンジュー公アンリと結婚した。そして、そのアンリが相続でイングランド王**ヘンリー2世**[※30]となったため、イングランド王妃になる。フランス王妃とイングランド王妃の両方を経験した珍しい人で、そのダキテーヌが南仏で開いていたサロンが、文化的には一番レベルが高かったのでね。

井上　アキテーヌ地方というのは、割と南のほうですよね。

鹿島　ええ。今の、ボルドー周辺ですね。それこそジロンド派の出身地である、ジロンド県が中心です。アキテーヌが中世における文化的発祥の地で、北のフランス王国より文化程度は高かった。フランスの南西部だから、やはりローマに近いし、スペインにも近い。当時スペインってイスラムの影響が強く、文化が高かったんです。そこから流れてきた吟遊詩人などのレベルの高い人がいたから、文化は南が強かったんです。サロン文化というのは、そこから起こった。北からじゃないんですよ。

井上　そうなんですよね。今、そのパリでサロン文化を維持していらっしゃるマダムとかは？

鹿島　いないわけではないでしょうね。多分あると思いますよ。私は実際アクセスしたことはないのだけれども。サロンは今でも健在だと聞いて、「じゃ、次そこへ連れてってください」と頼んでいた人がいたんですけど、その人が突然亡くなったので。残念ながら、サロンに入り損ねた。

井上　メゾン・クローズは、よく行かれている？

鹿島　メゾン・クローズとして使われていたところなら知っているという人がいたので、「じゃ、連れてってください」と言ったのだけれど。こちらも約束は果たされなかった。フランスには**第二帝政**[※31]学会というのがあって、メンバーの多くは第二帝政の大臣たちの末裔。その人たちで作っているんですよ。第二帝政の関係者というのは**第三共和制**[※32]で冷や飯食わされて、正統王朝派からも継子扱いされているから、その子孫たちが集まって、第二帝政復権のために作ったらしい。みんな金持ちなので、「うわ、この第二帝政学会の幹部たちと知り合いになれたから、いろいろなパリの裏事情が分かるな」なんて思ってたら、私の知り合いは二人とも亡くなってしまった。残念。

井上　メゾン・クローズのしつらえについて、ちょっとお尋ねします。歴史学者の林屋辰三郎先生が、初めて島原（下京区にある江戸以来の花街）の遊郭だった角屋を訪れたときに、**桂離宮**[※33]によく似てると思われたんですよ。そこから林屋さんは発想を広げて、寛永時代（１６２４年から１６４４年）には、桂離宮に代表される朝廷文化と、角屋に代表されるブルジョワ市民文化は共有項を持っていたと。朝廷とブルジョワが同じ文化圏にあったというふうに発想を広げはったんですよ。

　私は林屋先生を私淑《ししゅく》しているし、申し訳ないけれども、言わなきゃならない。多分メゾン・クローズでも、建物の造り自体はどこか**バロック**[※34]風であったり**ロココ**[※35]風であったり、つまり宮廷風になってるんじゃないかと思うんです。

鹿島　なってますね。

井上　だから、娼婦の館が宮廷風になるのは、ごく当たり前の現象ではないかと。

鹿島　必然ですね、それは。特にメゾン・クローズで人気があったインテリアは、一つはルイ15世風。ルイ15世のために作られたという娼館「鹿の園」風とか、デュ・バリー夫人が公式愛妾だったころのスタイル。

もう一つは「レジャンス（摂政時代）」と呼ばれたフィリップ・ドルレアンの時代、つまりルイ14世が亡くなった1715年から、1723年まで約8年間続いた摂政時代のスタイル。この時代は、フィリップ・ドルレアンがノン・モラルで淫蕩《いんとう》な人だったので、時代そのものが変態的になった。彼は、全員全裸のパーティーを催したり、新しくできた愛人に演劇を装ったストリップをやらせたりと、変態の限りを尽くした。というわけで、ルイ15世風とレジャン風というのが、フランス的宮廷エロティック・ファンタジーの二大源泉。

井上　我が民族のファンタジーは、多分『源氏物語』にあったと思うんです。男は、藤壺とか紫の上に見立てた店のお姉さんたちから、「どちらがお好みですか？」「あなたも光の君ですよ」みたいなもてなしを受けてきた。それが根っこにあって、源氏名というのがホステスの芸名になっていった。

鹿島　なるほどね。あと、福富太郎さん（数々のキャバレーを日本に作った実業家）から聞いた話ですが、「グランドキャバレーの法則」というのがあって、今のAKB48に非常に似ているんです。つまり、美人ばかりそろえちゃいけないんですって。「なんでこんな子が？」という子も入れてバラエティ豊かにしないと、客の多様な好みに応えられない。多様性がグランドキャバレーの鉄則だと。それは、メゾン・クローズにおける「ばらけの法則」と同じ。同系統ばかり集めちゃダメで、金髪碧眼美人もいれば、黒髪のユダヤ美人もいる。オリエンタリズム風ということで東洋娘もそろえる。とにかくバラエティ豊かにしてたくさん集めないと、メゾン・クローズの経営って成り立たないんです。

井上　そこにはちょっと疑いを差し挟みます。ほんまは、全員を美人でそろえるのが難しいという、技術的な問題もあったのではと。

鹿島　いや……う～ん、それもあるかも。

井上　負け惜しみで、「いや、美人だけじゃいけないんだ」という理屈をひねり出しただけなのでは。

鹿島　もしかすると、グランドキャバレー方式こそ日本的なのかもしれない。韓国のアイドルグループって全員整形美人だけれども、日本のアイドルグループはばらけさせるから。

第3章

京女、パリジェンヌの美人力

かつてのフランス式夫婦、フランス式恋愛

鹿島　バルザックの小説を読むとよく分かるのですけれど、フランスの王族や貴族の夫婦というものは、朝食を一緒に食べる間柄でしかないんです。王侯貴族の住居である館は、たいていが「コの字」型になっている。中庭があって、一方にムッシューの棟、もう一方にマダムの棟がある。これはヴェルサイユ宮殿と同じですね。

で、真ん中の棟に食堂がある。ムッシューとマダムは朝食の時間になると、この食堂で一緒に朝食を取る。しかし、それはただの事務連絡のためだけなのです。朝飯が終わったら、各々《おのおの》の部屋に引き上げる。身繕いが終わる時間になると、それぞれの愛人が通ってくる。ときには、それぞれの愛人を連れて、夫婦が顔を合わせることさえある。昼はそれぞれのパートナーと馬車で散策に行き、夜はオペラ観劇やら夜会やらで忙しい。しかし、夫婦一緒に行くことはめったにない。

ヴェルサイユ宮殿をご覧になれば分かる通り、宮殿の構造は必ずそのパターンで、ムッシューとマダムは、ほとんど没交渉。夫婦って形だけなんで、これがパリ式とい

うものでした。

井上　**ルイ16世**[※1]は、**マリー・アントワネット**[※2]と**フェルセン**[※3]のこと（恋愛関係になっていたこと）を、もう十分承知していたんでしょうね。

鹿島　というか、関心がなかったんじゃないでしょうか。フランスの王様って、ブルボン王朝に限れば二系列あるんですよ。**アンリ4世**[※4]、ルイ14世、ルイ15世みたいに、お妾さんをいっぱい作って奥さんほったらかしてというタイプと、**ルイ13世**[※5]やルイ16世のようなオタクのタイプ。

井上　ルイ16世の鍵作りとか。

鹿島　そう。ルイ16世は錠前作り。ルイ13世の場合は、一番の趣味がジャム作りでしたね。ルイ13世は同性愛の傾向が多少あったのだけれども、純情な乙女も好きだった。恋はするのです。周囲の人には、「王様は恋してるな」というのがすぐ分かった。恋をすると、その人にプレゼントするためにジャムを作り始めるからです。男でも女でも、好きな人ができると、ジャム作りに精を出す。とはいえ、セックスは汚らわしい行為だと嫌悪していた。「あんな汚らわしいことをやるのは獣だけだ」と言って。せっせとジャムを作る。

まあ、フランスの王様には、こういうオタク系列があった。この系列では、王妃が放っておかれるから、非常に発展しちゃう。ルイ13世の王妃のアンヌ・ドートリッシュはなかなか妊娠しないで、やっとルイ14世を生んだけれど、ルイ13世の子じゃないという説が強いですね。

井上　ルイ16世も、その系列ですね。

鹿島　そうだったんですよ。あの人は、錠前作りと狩猟しか好きなことがなかった。

井上　確か、ギロチンの技術改良にも足跡を残していた。あと、彼は、相当重度な包茎だったという話ですね。

鹿島　包茎であったという説と……

井上　いや、これはもう間違いないと思いますよ。

鹿島　それがね、最新の研究を読んだら、包茎ではなく、マリー・アントワネットのほうの膣が狭すぎたという説があるのです（笑）。

井上　どうやって分かるんですか、それ。

鹿島　ルイ16世がセックスをしようとするたびに「痛い、痛い」と言うので、周りの人間は、王様は真性包茎だから痛いのだろうと思っていた。でも、医者に調べさせたらそうではなかった。

井上 でも、結婚して7年経っても子どもができへんから、マリー・アントワネットの母親（オーストリアの女性君主マリア・テレジア）が、マリー・アントワネットのお兄ちゃん、ヨーゼフ2世をパリに派遣した。で、調べた結果、ルイ16世が包茎の治療を受けることになったと。

鹿島 義兄のヨーゼフ2世がやって来て、諭されて手術を受けることになった。

井上 手術してから、すぐに子どもが生まれたわけですから。

鹿島 そういう説もあるけど、真相は微妙ですね。手術しなかったという説もあるんですよ。

井上 そんな痛いことは嫌だと？

鹿島 ツヴァイク（オーストリアの作家）あたりまでは、ルイ16世包茎説が強かったのだけれども、最新の研究では、「ルイ16世は正常で、マリー・アントワネット側に不具合があった。それが、何回か行為を重ねるうちに通りがよくなった」と。

井上 日本にも、世界三大美人の一人だという小野小町が、実は膣が開かない人だったという伝説があります。まあ、彼女を世界三大美人にあげているのは日本人だけでしょうが、膣についての実態は全然分からないわけです。何か魅力的な女の人に、そういう伝説って作られやすいことはないでしょうか。

鹿島　そうかもしれないですね。話が少し変わりますが、フランスの夫婦の特徴は、奥さんが美人で魅力的であると、それが夫にもメリットをもたらすことです。大富豪の**薩摩治郎八**《じろはち》[※6]さんは、独身時代にパリでいろいろ見聞した後、帰国して結婚して、またパリに渡ったんです。それは、パリの社交界では独身者は相手にされず、美人の妻を持つことが社交界へのパスポートだと気付いたから。夫人は、明治の高官だった山田顕義《あきよし》（日本大学の学祖）の孫。治郎八さんの目論見というのは、美人の奥さんを連れていると、いろいろな社交界に入り込めて、ハイレベルな男性と友人になれるということだったのです。

井上　ほう。

鹿島　つまり、社交界のいろいろなプレイボーイが、自分の美人の奥さんに寄ってくるわけ。治郎八さんは、いい友達をたくさん作りたかったから、女房は絶対美人じゃなきゃいけないと考えた。そこで、非常におぼこい感じだった夫人を自分のセンスで磨きあげて、見事な社交界夫人に仕立てあげ、サロンを経営できるまでにしたんですよ。

井上　なるほど。

鹿島　ところがその奥さんは、山田顕義譲りの硬い国権教育を受けていたから、そういうフランス式夫婦のやり方に、馴染めなかったらしいんですね。

井上　フランス式夫婦の特徴は、夫婦別々の宮殿の構造にも表れているわけですね。

鹿島　ええ。建築史は、井上さんの専門ですね。片山東熊《とうくま》さん（明治時代に活躍した建築家）は、ヴェルサイユ宮殿を見て「これだ」と思って、皇太子（大正天皇）夫妻用の赤坂離宮を造っちゃった。だから、同じ構造なんですね。ところが、明治天皇に「ぜいたくすぎる」と言われて、赤坂離宮は使用されなくなる。

井上　すみません。ちっぽけなこだわりですが、赤坂離宮の手本は**ルーヴル宮殿**※7だと思います。特に、その正面はルーヴルの東面と、本当によく似ています。

鹿島　なるほど、ルネサンス様式ですからね。ただし、コの字構造という面では、ヴェルサイユが手本でしょう。ルーヴルは、最初は方形宮（四角い庭を囲むようにして造られた宮殿）ですから。

自慢したい男心

井上　『源氏物語』にね、桐壺帝に子どものできる話が出てきます。実を言うと、これは藤壺の宮（桐壺帝の後妻）と光源氏の間にできた子なんですよ。その子を見て、桐壺帝が光へ、「君にそっくりだね」と言う場面があるんですよ。こういう文芸って、フランスにありますか。

鹿島　そういうのは、まあありますね。

井上　いや、実態としてはあり得ると思うんだけれども。先ほど言われた、ルイ13世の奥さんが生んだ子（ルイ14世）は、ルイ13世の子じゃないんじゃないか、とか。

『源氏物語』では、「君にそっくりだね」と言われたときの、光の心の動揺が文芸になるわけですよ。その後、光の妻である女三宮に子どもができるんだけれども、それは光の子じゃないんですね。そのとき、光はまた思い出すんですよ。ああ、あのときの桐壺の帝は、こんな……

鹿島　こんな心境だったのか、と。

井上　はい。これが11世紀初頭の文芸ってすごいと思いませんか。その時代に既に書かれていた。

鹿島　本当にそうですね。実態としては、ヨーロッパの宮廷には、この種の「コキュ（妻を寝取られた男）の王様」はかなりいたと思われます。

理由は二つあります。ヨーロッパでは「生涯二回結婚説」じゃないけれども、結婚する男女の年齢差が相当あったんですね。当時の人間は、50歳を超えればもうすごい年寄り。現代の50歳の比じゃない。そうなると、「奥さんが生んだ子の、実の父が夫じゃない」というケースは、普通にある。王様の場合、歳の差婚はそれほどないんですが、産後の肥立ちが悪くて王妃が亡くなるというケースも少なくなかった。そのため、再婚、再々婚する。そうなると結局、歳の差婚となる。

例えば、王妃アンヌ・ド・ブルターニュが王子を生まずに死去したので、ルイ12世が晩年、跡継ぎほしさにイングランド王女メアリー・テューダーと再婚したケースが典型です。このとき、王位継承権はフランソワ・ダングレーム（後のフランソワ1世）にあったのですが、なんと、このフランソワが王妃メアリー・テューダーと関係してしまったのです。そして、これは大変な問題を引き起こします。というのも、もしメアリーが懐妊し、その子どもが男の子だったら、王位継承権はフランソワではなく、その王子にいってしまうからです。フランソワは、自らの軽率な行為によって王位をフイにしかねなかった。ルイ12世は再婚後3カ月で亡くなるのですが、さいわい王妃は妊娠していなかったので、フランソワはめでたくフランソワ1世として即位することになります。

もう一つは、ヨーロッパの宮廷では、宦官《かんがん》（去勢された宮廷に仕える男性）も使わず、徳川方式（大奥は男子禁制）も採用しなかったことです。とりわけ、王様がオタクで王妃を放っておくと、光源氏のような男が現れたとき、危険が大きくなった。ルイ13世のときは、イングランドのバッキンガム公、ルイ16世のときは、フェルセンですね。

井上　そうですね。京都の宮殿も、簾があって、蔀戸《しとみど》という格子みたいなのもあるんですが、全部開け放つことができる。結局あのサロンは、「どうや、俺の集めた女房たちはええやろ」という自慢もできるようなサロンなんですよ。男子禁制とは逆。

鹿島　なるほど。この間、牛車のことを書いた本を読んでいたんだけど、牛車の構造もそうだったらしい。

井上　平安文学を読んでいると、朝廷の貴族たちは、一日中色恋に明け暮れているように思えてしまいますが、彼らは結構働いてるんですよ。決して色恋だけにうつつを抜かしているわけじゃない。ただ、平安文学は主に女の人が書いているので、女の人は彼らの働いてる姿を見てないんですよね。

鹿島　なるほど。

井上　サロンの女の人たちは、貴族たちが事務折衝をしているとか、会議の席で相手を出し抜くためにダミー発言をしているとか、そういうところを見てない。仕事が終わってから、明日への活力を求めて銀座に行くおっさんのような状態で、サロンへやって来る彼らしか見てないんですよ。

鹿島　なるほど。まあ、パリのサロン文化もかなりそれに近いですね。

井上　紫式部自身が、ということではないですけれども、彼女のいた世界はやっぱり、男たちにとっての「銀座」だったんだと思います。

鹿島　そういうことですね。男はいろいろなことを自慢したいがために、そこにやって来るわけだからね。

井上　やって来るわけです。

鹿島　最初は僕、銀座の構造って全部色恋だろうと思っていたけれど、そうじゃなくてね。男の「ドーダ」サロン。「オレ様は、こんなに偉いんだぞ。忙しいんだぞ。ドーダ、すごいだろ」のための、発散場だということですね。女性が客になるホストクラブも、今は女の人から金を搾り取るための場だけれども、時代がもっと進むと、女性の「ドーダ」の場になるでしょうね。

井上　昔は、パトロンを伴って呉服屋へ行く芸妓に、その気分があったと思います。それが、全ての女性に解き放たれる。

鹿島「今ドンペリ何本抜いた」と言って、女の人が「ドーダ」やってるけれども。それが、今後どんどん進むだろうなと。

井上　男たちは、金で遊んでも、次第に「俺の財力になびいたんじゃない。俺の心になびいたんだ」「これは恋だ」という物語を欲しがりますよね。

鹿島　欲しがりますね。必ず。

井上　これは要するに「(財力や権力)ドーダ」理論が破綻しているという話じゃないですか。

鹿島「ドーダ」理論というよりも、人間って不思議なことに、「ドーダ」のレベルがどんどん上がってくるんですよ。

井上　分かりました。つまり「俺の『ドーダ』」になびいたんではない。俺の心になびいたんだ。ドーダ、すごいだろう」と。

鹿島　そっちのほうで「ドーダ」しているという。

井上　つまり、「俺の権勢が評価されたわけじゃなく、俺という男、裸の俺自身がもてた」と、あいつやこいつに自慢することが楽しいということですか。

鹿島　そうそう。だから、宮廷文化の最高の証言というのは、**ラ・ロシュフコーの『マクシム**[※8]』なんです。宮廷というのは完全な「ドーダ」のバトルの場で、どんな発言もドーダの表現でないものはない。ラ・ロシュフコーは「自己愛の領土は広大無辺で、どんなところを探してもその領土でないところはない」ということを言っているわけです。どこを見ても必ず自己愛、「ドーダ」がある。一見謙虚に装われていても、自分の不幸を物語っていても、「ドーダ」がある。僕はドーダを分類して、「分かりやすいドーダ」を「陽ドーダ」、**西郷隆盛**[※9]風の「分かりにくいドーダ」を「陰ドーダ」と呼んで、『ドーダの近代史』（中公文庫版は『ドーダの人、西郷隆盛』）という本を書いています。

井上　私はラ・ロシュフコーを初めて読んだとき、日本ではああいう形の読みものはあまりないような気がしました。けれど、京都のおばはんが口にすることと、よう似てるなあとも思いました。

鹿島　似てるでしょう。井上さんが言ってた、「お子さんピアノ上手ですね」と褒められても、素直にお礼を言ってはいけないという話など、かなり近いですよね。

井上　そうですね。でも結局ああいうのを書く人は、決して幸せな人生を送ってないですよね。

鹿島　不幸な人だったんでしょうね。**パスカル**[※10]は、ラ・ロシュフコーを念頭に置いてか、「気の利いたことを言うのは、性格の悪い人と決まっている」と言ってます。

パリジェンヌの魅力

井上　私の40年前の体験です。二人連れの女の人がパリを歩いていました。メトロの空気圧で、一人のスカートがまくれあがりました。僕の後ろにいたお兄ちゃんが、その女の人に、「メルシー、マダム」と声をかけたんですよ。日本ではあり得ないと思いました。「おおきに、ねえちゃん」と、僕は絶対よう言わん（笑）。で、「おおきに、ねえちゃん」と言われたほうも、私たちに向かってウィンクしてくれたんですよ。これはすごいなと。日本でなら、気の弱い女の人は逃げるだろうし、気の強い女の人なら「どこ見てんの、おっさん」というまなざしで、睨みつけると思います。

日本人の私は、今後も多分そういう現場にいれば、見て見ぬふりをすると思います。一瞬の眼福だけは確保して、すぐ「見てませんよ」というふりをすると思います。これって日本文化だと思いません？

鹿島 思いますね。僕もこの間、ほぼ同じ状況に遭遇した。女の子のスカートがまくれあがって、僕が「おお！」と見たら、彼女はにっこり笑いましたよ。

井上 それ、日本ですか。

鹿島 いや、パリで。

井上 僕はね、コケットリー（媚態）とギャラントリー（騎士道的な気遣い・言動）が飛び交うパリと、日本との間に、その度合いについて致命的な断絶を感じるんですよ。

鹿島　前述したラ・ロシュフコーが、「女は、自分のコケットリーの全てを知り尽くしているわけではない」とか「女にとって、コケットリーに勝つことは、恋の情熱を抑える以上に難しいことである」といった意味のことを言っている。つまり、「フランス女のコケットリーというのは、意識していようがいまいが、自動的に発動されてしまう類いのものだから、宮廷の男はそれを真に受けてはいけない。コケットリーは、その女にとっての『ドーダ』なんだから」ということなんです。「これは権力発動なんだ。俺に魅力があるわけではなく、あっちが権力の快楽を味わっているにすぎないんだ」と、考えるべきだと。

井上　私は、もうちょっと穏やかに受け止めたんですよ。「恥ずかしかったわ。でも、あなたたちは、私のパンツのおかげで幸せになれたのね。よかったわね」というウィンクなのかなと。

鹿島　かなり好意的な解釈ですね。

井上　でもね、この話を僕は何人かのフランス人に告げたんですが……まあ、こんなことを告げる自分もどうかと思うんですが……おっさんたちは、「ああそうだ。それがリだ」というふうに答えてくれました。まあ、「確かにパリにはそういうところがあある。自分はそういうパリが嫌いだ」という女の人もいたんですが。でも、どうやらパリはそうらしいんですよね。

鹿島　そうですね。

井上　フランスで、女の人が示すコケットリーと、男の粋な対応。これが、今の「MeToo」運動[※11]の中で、どう転がっていくのか。

鹿島　うーん、そこは結構難しいでしょうね。もちろん完全なセクハラというのもあり得るし、互いの関係に権力がどの程度絡んでるかという問題もあるし。日本風に言うと逆ナン（女性側から声をかけるナンパ）の文化というのも、当然あるわけで。

井上　これも、表面的な奥ゆかしさを尊ぶ京都で培われた文化だと思うんですが、街でパンチラを見かけても「ありがとう、お姉さん」と、私は言えないわけです。鹿島さんでさえ、言えないと思うんですよ。

鹿島　言えなくて、顔の表情で一生懸命伝えましたけど（笑）。

意気地なし文化を育んだ京都

井上　私には語学力の問題もあるんですが、せめてそういうときに「ブラボー」ぐらい言いたかったわけですよ。スカートがまくれあがった人から、ウィンクを送られたときに。「格好いいなあ」という賛嘆の気持ちを示したい。でも、日本でこういうことが起これば、多分一瞬見ただけで目をそらすであろう自分に、やっぱり癒やしがたく日本文化というか、京都の文化があると思うんですよ。

私たちは、女の人のうなじにときめくことがありますね。女の人の首の後ろを性的に味わうことがないわけじゃあない。でも、ブラジル人に言われたんです。「それってお前らは、後ろからのぞいて、ばれる心配のないところで喜んでるんじゃないか」と。これはひょっとしたらやっぱり、意気地のない日本人がよってたかってこしらえた、日本文化の賜《たまもの》ではないかなと。うなじにうっとり。足首にうっとり。みんな、後ろから盗み見てるわけですよ。よく言えば、面食いやおっぱい好きより、慎み深いんやけど。

鹿島　私はムーラン・ルージュには行ったことあるんだけれども、シャンゼリゼの**リド**[※12]には行ったことなかったんです。それが最近、お上りさんの同伴で、リドにも行ってきたんです。そのリドのショーのシナリオというのが、とても面白かった。パリにやって来たメガネっ子ちゃん、野暮ったい女の子が、パリに馴染んでいくに従ってだんだん解放されて、最後はストリッパーとして主役を張るというストーリーなんです。あれ、パリは女の人を解放するというストーリーと読み取るべきなんだろうか？

井上　フェミニストは、そういうふうに読まないと思います。

鹿島　読まないだろうね。しかし、リドでそのショーを見てたのは全員中国人だったんです。矛盾というか、面白いというか、何というか。

井上　今、リドには中国の方が行かはるんですね。

鹿島　いや、すごい行列だった。昔は、日本人が中心だったんだけどね。

井上　そのうなじの話の続きなんですが、どう言うたらいいんやろ。私たちって握手をあんまりしないじゃないですか。とりわけ、異性との挨拶では、ためらいますよね。もちろん、挨拶代わりのハグなんて、とんでもないじゃないですか。これも、やっぱり意気地なしのせいなんだと思うんですよ。

だからこそ、銀座のクラブで席に座って、3万円、5万円払う。その代わり、時々少しおさわりが許されると。つまり、おさわりに金銭的価値がついているわけです。逆説的に言えば、価値をつけるために普段は触らないように、触らせないようにしてるんじゃないかなと。私たちの意気地なし文化を育んだのは、間違いなく京都だと思うんです。よく言えば、私たちの京都的な奥ゆかしさが、おさわり、タッチングにオノラブル（honorable／尊敬すべき、名誉な）という形容を添えた「オノラブル・タッチング」のならわしを、クラブで生き延びさせていると。これは、パリではあり得ないですよね。

鹿島　あり得ないですね。バカンスが終わって、カフェで再会した同士というレベルの男女が、そんな親しい仲でなくても、ハグしてますからね。ごく普通に。

井上　彼女と偶然肩が触れ合ったんだと喜ぶ日本の男たちって、やっぱりクレイジーに見えるでしょうね。

鹿島　クレイジーに見えるでしょうね。でも、最近はフランスでも、日本のアニメの影響か、日本的なオタクがどんどん増えてるんです。

井上　ひょっとしたら、京都産の日本文化が世界を席巻し始めているのかもしれないわけですよ。電車内の痴漢についても語らせてください。これも、ブラジル人に言われました。「電車の中で、自分たちもいい女がいると思うことはある」と。「でも、電車の中でやれることは限られる。とにかく思いを達成することはあり得ない。そんな中で、お前らは尻を触るだけで喜べるという。それの、一体何が楽しいのか？　どうして、そういう中途半端な接触で満足できるんだ？」と。

私は言われて愕然としたんだけれども、彼らにはそう見えるんだなと。触れるだけでは楽しめないというブラジルには実際、痴漢はあまりいません。ただ、強姦事件は多い。その頻度は、日本の数倍はあると思います。電車の中でお尻に触れて、楽しく思える……もちろん、女の人は不快に感じるんですが……お尻に触れることで何ほどかの幸せを感じられる。そういう痴漢の出現率が、他国より高いのも、普段接触を禁じている日本文化のせいなんですよね。石田純一のひそみに倣《なら》えば、痴漢は、ハグができない日本文化のひどい副産物なんですよ。ナイトクラブのおさわりと根は同じ。男女が挨拶でハグをし合うようになれば、日本でも痴漢の発生件数は減ると思います。まあ、なくなりはしないでしょうが。多分、総スカン食らうよね。この言い方は。とりわけ、女の人からは。

鹿島　かなり食らいますね。痴漢はね。

――パリで、電車内の痴漢というのはあまり聞かないかもしれませんが、おさわりはありますよ。パリに住んでいたとき、私（女）も、女友達の多くも、路上などでお尻を触られた経験が複数回あります。男友達も、ゲイの人からお尻を掴まれたりしていました。パリでは日本よりストリート・ハラスメントがとても多いと思います。

井上　そうか。電車の中じゃあなく、路上を徘徊しているのか。まあ、いずれにしろ、あの「MeToo」というかけ声は、もう男女が気楽に触れ合う欧米風のやり方を卒業しませんかというメッセージでもあると思います。次第に日本風の、触れるだけで3万円、5万円という営業が、世界に羽ばたくかもしれないですよ。

鹿島　日本の一次過程文化というものが、世界を制するかもしれないですね。

井上　そう。

鹿島　オタクも増えてることだし。

井上　必ずしもハッピーなストーリーやとは、思えへんけれども。

女性のどこに魅力を感じるか

――鹿島先生のご著書で、**『レ・ミゼラブル』**[※13]のマリウスが、思いを寄せているコゼットの脚を偶然見てすごく興奮したというシーンを、解説している箇所がありますね。今でもやはりフランス人は、脚にすごく魅力を感じるのでしょうか。

井上　女の人が長いスカートをはいたはる時代と現在では、脚に対する味わいが違うと思います。長いスカートで、脚先まで隠していた時代は、そうだったんじゃないですか。

鹿島　そうですね。脚フェチというのは、脚が隠されていたからこそ生まれるもので、露出されるとフェチは発動されないのでしょうね。脚が隠されていたのに対して長い間、上半身の露出には、ヨーロッパは非常に寛容でした。どうしてああなったのか、実はこれ、ローマ時代までさかのぼるという説があるんですよね。

井上　はい。

鹿島　ローマ時代のチュニックみたいな、ローマ風の衣装があるでしょう。上半身なんかほとんど着てないような感じだけれども、下半身はかなり下まで隠している。あるいは、下半身の露出を禁じ、上半身に対しては寛容ということのメンタリティは、ルネサンスで、ギリシア・ローマの風俗が再発見されたからかもしれない。「神様は裸だから、神様を描くということは裸を描くことだ」というアントロポモルフィスム（神人同形説）の影響でしょうか。

とにかく、胸元の乳首のところだけを辛うじて隠して、肩は完全に露出する、つまり**デコルテ**[※14]が夜会・舞踏会文化における公式の礼服となった。夜会や舞踏会では、それがフォーマットになってしまったから、何人《なんぴと》といえどもこれには逆らえない。日本の皇妃様だって、デコルテにせざるを得ない。

——今でもフランスの女性に、デコルテ人気ですよね。年代問わず。

鹿島　そう、年代問わず。「デコルテにしなくていい！」と叫びたくなるような年配の女性でも、パーティーではデコルテです。フランスでは、バーゲンセールが終わる1月中旬から一斉にデコルテのパーティードレスが売り出される。どのブランドも、デコルテを店に飾る。日本のファッション文化には、あれがない。

井上　フランスの女の人は、自分の露出された胸の谷間を路上でうっとり眺めているおっさんがいても、嫌がったりはしないんですか。私たちは、チラ見で済ますわけですが。

鹿島　どうなんでしょうね。僕は気になるけれど、彼らにとってはあまりに当たり前だから、気にならないのかもしれない。海やプールで、水着だからって女の人をじろじろ見たりはしないですよね。それに近いんじゃないかなと。デコルテ文化というのはね。

井上　芸妓さんは、「襟足の処理をちゃんとしなさい。男さんたちが楽しみにしてらっしゃるから」というふうな躾をされるそうです。間接的に聞いたことがあるんですが、やっぱりフランスの女の人も、胸回りには、何か塗ってそばかすなどを隠そう、とかあるんですか。

鹿島　それはあるでしょうね。顔の延長ということで。礼儀作法の範疇《はんちゅう》かもしれない。礼儀作法といえば、突然話は変わるけど、欧米人は、日本のポルノを見て大ショックを受けるらしいですね。陰毛をそのままの状態にしているということで。欧米スタンダードでは、陰毛は剃っておくのが礼儀作法になっている。この意味で、脇毛を剃るということも、デコルテ文化と密接に結びついているんでしょうね。

井上　宮廷文化に源流があったんでしょうね。宮廷及びブルジョワのね。街のおかみさんにまで、浸透しているかどうかは分からないですけれども。

鹿島　まあ、上流階級でも、年中デコルテをしているわけじゃなくて、夜会服のみに許されるスタイルです。ファッション史を勉強していて、ファッション・プレート（その当時の最新ファッションを紹介するイラスト）を見ると、これは朝のものか、昼のものか、夜のものか、だいたい分かるんです。露出度が朝は低くて、夜になるにつれ、どんどん高くなるから。朝からデコルテも、夜にデコルテにしないのも、ドレスコードに違反することになるんです。

井上　あちらでは、モデルや芸能人がファッションリーダーになりやすいと思います。日本でも、今はそうなっていますね。だけど、江戸時代の日本では、京都でも江戸でもファッションリーダーになったのは、歌舞伎の女形なんですよね。トランスジェンダーというか、女装の男がファッションリーダーになったわけですよ。だから、胸がふくらんでいるなんていうのは下品。寸胴ぐらいのほうが美しいとされた。

鹿島　日本では、アンチ・デコルテで一貫してますね。

井上　胸のふくらみを誇示してきたヨーロッパと比べて、我々のところでは第二次性徴をあまりとやかく言わず、第二次性徴とあまり関係のない足首とか、うなじとかを愛でてきた。

鹿島　より間接的なところから、エロティシズムを喚起する。

井上　その意味で、セックスの味わいに関しては、我が民族のほうが屈折の度合いも高く、文明の度合いが進んでると。

鹿島　それは絶対あるね。

井上　ただの意気地なしかもしれないんですがね。

鹿島　日本におけるSM文化は、西洋の影響を受けてはいるけれども、屈折の度合いが、かなり複雑ですからね。ヨーロッパのようなストレートなものとはだいぶ違いますね。

　ところでSMといえば、面白いのはフランスではSMのことを「イギリス趣味」って言うんですよ。イギリスは逆で「フランス趣味」と言う。

井上　お互いに。フランス人に、**マルキ・ド・サド**※15をフランスの文化遺産と誇る気は、ないんやなあ。

鹿島　英仏敵対の歴史の影響で、コンドームや性病など、そういうものは敵から来たとお互い言うんです。フランスではコンドームを「イギリス（人）のマント（capote anglaise)」と言い、イギリスでは「フランス（人）の手紙（French letter)」と言う。

井上　スケベなのは、あいつらだと。

鹿島　そう。

井上　あいつらのせいで、ＳＭ文化や性病が入ってきたと。

フランス語の隠語

鹿島　この「イギリス趣味」で面白いのは、『ラ・ヴィ・パリジェンヌ』（パリジェンヌの生活）とか『ル・スーリール』（微笑）という１９２０年代に全盛となったスケベ雑誌の「相手求む」の交際欄です。その欄にある暗号のような文章を解読するには、コードを知らないと難しい。例えば「当方イギリス人」。これで、ＳＭ趣味だと示している。

井上　それで、ＳとＭの、どっちなんですか。

鹿島 「当方イギリス人、意地悪な女性を求む」と書いてあったら、それは「当方M、Sの女性を求む」という意味。要するに、「意地悪」というのがSの代わりの言葉なのね。イギリス人、イギリス風というのが、SMというジャンルの識別記号。
井上 「私は好き心を持っている」というのが「当方イギリス人」なんですね。
鹿島 そう。で、「当方、メシャン（méchant／意地が悪い）」とあったら、「私はSのほうです」ということのようですね。
井上 20年以上前、まだパソコンが普及する前のことです。ロンドンの電話ボックスで、「ゲイの相手を求める」という男の子のメッセージが書いてあるステッカーを見つけました。それがね、アントニオとかジュゼッペとか、イタリアの名前がやけに多かったんですよ。イギリスのおっさんは、イタリアの少年に何か特殊な感情を抱いてるんでしょうか。
鹿島 ゲイの人のことはよく知らないけれども。パゾリーニ（イタリアの映画監督、脚本家）の映画を見ると、イタリアの、それもあまり賢くなさそうなアントニオとかジュゼッペが好まれるのも、分かるような気がする。ところで、フランス語では昔、ホモセクシュアリズムのことを「イタリア趣味」と言ったんです。

井上　へえ。そういえば、ルネサンス期のフィレンツェでは、ゲイ趣味が大手をふるってまかり通っていましたが。

鹿島　これは『カサノヴァ』の回想録に頻出する。カサノヴァは、「私はイタリア人だが、イタリア趣味はない」と言っている。

井上　いや、ちょっと待ってください。建築の場合でも「ここの室内、イタリア趣味でいいでしょう」と、なかなか言いにくくなるわけですね。それでは（笑）。

鹿島　イタリア趣味がフランスに入り込んだのは、イタリア・ルネサンスの移入と同じころです。**カトリーヌ・ド・メディシス**[※16]と一緒にもたらされ、アンリ4世の二度目の王妃マリー・ド・メディシスのときに最高になった。ルイ13世の宮廷には、イタリア人が相当残っていたから。ルイ14世の弟のフィリップ・ドルレアンは、完全にイタリア趣味に仕込まれました。これはマザランというイタリア人枢機卿の陰謀で、王様の弟がいろいろ問題を起こしてしまうがないから、初めから戦略的に同性愛者に育てたという話です。というわけで、フランスの宮廷において、「イタリア人」というのは、ゲイの代名詞。結構、多かったんですね。

井上　ちなみに、「ドイツ人」はどんな意味ですか。

鹿島　ドイツ人というのは、18世紀以前は関心の埒外《らちがい》にあったから、エロティシズムの用語にもあまり出てこない。ただし、**ザッヘル・マゾッホ**[※17]の出現で、19世紀からはドイツ系（正確にはオーストリア系）SMも紹介される。その結果、ドイツ人ならぬ「ギリシャ人」というのがSMのタームに登場するようになる。**マゾッホの『毛皮を着たヴィーナス**[※17]**』**で、M男ゼヴェリーンが、女王様のワンダが第三の男（ギリシャ人）に抱かれるのを見て、M的快楽を得るというエピソードから来ています。この「第三の男」が、以後ギリシャ人と呼ばれるようになった。どうも話がそっちの側になびいちゃうね（笑）。もっと高尚な文化論をするはずだったんだけれど。

男の幻想を支える「京女」と「パリジェンヌ」

鹿島　**『マノン・レスコー**[※18]**』**という小説があるでしょう。あの小説の一番最後に、娼婦として捕まったマノン・レスコーがデ・グリューとともにアメリカに行くところがある。なぜアメリカかというと、18世紀のフランスの植民地ルイジアナには、開拓者の毛皮商人の男ばっかりいて、女性がほとんどいなかったから。それで、逮捕された娼婦とか、囚人女性をたくさん連れて行った。向こうにいる男の、お嫁さんにするために。

その伝統だか何だか知らないのだけれども、アメリカのサルーン（西部劇などによく出てくる酒場）というのは、基本的にメゾン・クローズの構造なんですね。一階が出会いの場で、意気投合したら二階に上っていくというね。このサルーンで一番人気があったのは、フランス出身という触れ込みの子。中でもパリからやって来た女というのは、人気があった。ある種のファンタズム（幻想）ですね。

――なぜ「パリジェンヌはいい女だ」というファンタジーが生まれたのでしょうか。

鹿島　いい女かどうかは保証の限りではないけれど、コケットリーはあったのでしょうね。

井上　実際は大したことないのかもしれませんが、それでも、幻想を醸し出せるということが大事なんですよ。実際、京都の女性だって、他地方の人たちが思い描くほどのことはないですし。

――でも、京都の女性とパリジェンヌには、やはりとても魅力がありますよね。

鹿島　曰く言いがたい魅力がね。

井上　あるのかな。僕もあんまりよくは知らないけれども、実際には祇園の芸妓さんより、銀座のお姉さんのほうがきれいな人は多いと思います。だけれども、例えば、作家の渡辺淳一なんかは「最後の双六《すごろく》は、祇園の女将と」と、何かで思わはったんやろね。

鹿島　ところが今では、そのパリジェンヌ幻想の頂点であるパリのムーラン・ルージュやリド、あるいは**クレイジー・ホース**※19で踊ってるフランス人は減っている。背が高く、スタイルが良く、美人で、肉付きもいいという、全部の条件を備えた女性となると、ロシアやバルト三国、あるいはウクライナなどの出身になる。

井上　リドは、言ってみれば、ストリップ方面の「オリンピック・スタジアム」。

鹿島　まあ、そうですね。

井上　京都の祇園の芸妓さんも、京都出身の女の子はほとんどいないですから。

鹿島　そうなんですか？

井上　京都弁は、みんな使わはんのやけどね。後天的に学習をして。

鹿島　幻想が支えてるんだね。さっき言ったメゾン・クローズだけど、「ワン・トゥー・トゥー」「スフィンクス」といった有名店の海外支店の第1号ができたのが、面白いことに南米アルゼンチンの首都、ブエノスアイレスなんですね。

井上　「南米のパリ」と呼ばれてますよね。

鹿島　南米は19世紀後半から20世紀にかけて、非常に大金持ちの国になったでしょう。

井上　そうでしたね。20世紀半ばに、アルゼンチンは世界第4位のGNP（国民総生産）を誇っていたと聞きます。タンゴも、そんな富の賜でしょうか。

鹿島　その大金持ちがパリにやって来て、そのファンタジーを故国に持ち帰って、2号店ができちゃったという。

井上　でも、「ワン・トゥー・トゥー」という店の名前は、何かイギリス人をそそろうとしている気がしますね。

鹿島　「ワン・トゥー・トゥー」というのは、122番地という、さっき言った「番地の家」なのだけれども、そう発音させたのは、世紀末にパリに集まった観光客の大半が、英米系だったからですね。今でもシャンゼリゼにある「フーケッツ」のカフェ・ブラッスリーの命名も同じでしょう。

井上　「アン・ドゥ・ドゥ」にはならないんですね。

鹿島　この時代まで、フランス人はほとんど英語を理解しなかったから、新鮮な響きがあったんでしょうね。

――メゾン・クローズですが、先導役はいるんですか。つまり、紹介制なんですか。

鹿島　メゾン・クローズとはいうものの、原則的には万人に開かれているんです。ただ、紹介者があったほうがいいということは確かですね。戦後お色気随筆で活躍した、道楽者の美川徳之助という人がいましたが、パリのメゾン・クローズのことを細かく書き記してくれている。おかげで、私もいろいろなことを知りましたが、その美川徳之助によると、やはり紹介者がいたほうが安心できるそうです。彼を最初にメゾン・クローズに連れて行ったのは、どうも小出《こいで》楢重《ならしげ》（洋画家）のような感じがしますね。紹介なしで行くよりも、マダムの受けがいい。

井上　かつての三井物産パリ支店は、そういう斡旋《あっせん》所だったと聞きます。

鹿島　斡旋所というよりも、アテンドの供給源だった可能性が非常に高い。三井物産って、一番早くパリに進出した商社です。日本のジャポニズムがあれだけ向こうに渡ったのは、三井物産があったからだともいえる。林忠正（19世紀末にパリで活躍した美術商）という人は、後に独立したけれども、最初はパリ万博のために起立商会という会社の社員として行った。起立商会自体が、三井物産とかなり密接な関係があった。

井上　でも、それこそ世界中の外交使節が、パリで恥ずかしいことをしはるわけじゃないですか。そして、彼らの女遊びは、しばしば外交機密を娼館側にもたらします。だから、フランス政府も国益を考えれば、彼らに女遊びをさせたい。そのため、取締まりはほどほどにしてしまう。メゾン・クローズって、当局のお目こぼしを願わないといけない部分がいっぱいあると思うんですよ。

鹿島　もともとメゾン・クローズの別名は、「メゾン・ド・トレランス」っていうんです。トレランス（tolérance／寛容）。「お目こぼしの館」ということになる。

井上　で、お目こぼしを願うために、時々「この間アルゼンチンの使節、こんなこと言ってましたよ」みたいな話を、娼館担当の警察に告げたりね。要するに、何かフランス国家にとって重要な情報になり得ることを、娼館の経営者は当局へ漏らしているかもしれないじゃないですか。

鹿島　そのパーセンテージ、かなり高いでしょうね。メゾン・クローズだから、覗き部屋みたいなものもいっぱいあるし。それぞれの国の言葉が話せる女の子を全部そろえて、スタンバイしているし。日本語を話せる子は、いなかったらしいけれども。

井上 あの、ほんまに邪推の積み重ねでしかないですけれどもね。文化の魅力にひかれてきたおっさんたちについて、考えてみたんですよ。文化の魅力って、多くのおっさんにとっては、女道楽のテイストを請け合ってくれることだったと思います。
フランスが文化国家として成り立つというとき、メゾン・クローズも含めて、そちら方面で働く女性たちは、国家の管理下にあったかもしれないなというふうに思いますね。

鹿島 かなりあったでしょうね。特に、独仏関係が緊張していたときには、スパイが暗躍する場所になっていたという可能性は非常に高いですね。

井上 ドイツ人は、喜んで遊んで行くから。

鹿島 あと、フランス高官を籠絡《ろうらく》するために、ドイツがメゾン・クローズと話をつけて、情報を引き出すとか。そういう事例は、**スタヴィスキー事件**[※20]などの疑獄事件（政財界が絡んだ大規模な贈収賄事件）が表沙汰になるたびに出てきたことですね。

井上 上海でね、そういう娼館を通した秘密情報が一番飛び交ったのは、フランス租界なんですよ。ドイツは第二次世界大戦でフランスを占領したので、フランス租界の管理者にもなりました。でも、娼館には手をつけなかった。そこで入手できる情報は、やはり大事だと思ったんでしょうね。

鹿島　一番面白いところだけどね。この話はまた別の機会に是非。次のトピックに移りましょう。

第4章 京都とパリの魅力、都市史

洛中の人にとっての「京都」はどこ？

井上　私は京都市右京区の花園で生まれて、その後、同じ右京区の嵯峨に引っ越しています。まあ、産声は中京区の病院であげました。だから、出生届は中京区に出されてしまったんですけどね。それはともかく、私は5歳から20年ほど郊外の嵯峨で育ちました。行政区分では京都市なのですが、市の中心部の「洛中」と呼ばれるところの人々から、嵯峨のような洛外の地は京都扱いされません。私は田舎者呼ばわりされ続けました。街中《なか》の人が、周辺の人に対して威張る。その尊大さには、恐ろしいものがあります。

鹿島　それはまさに、井上さんの著書『京都ぎらい』で強調されていることですね。あの本を読んで、「じゃあ、最も純粋な京都人とは、どの地域の人なんだい」って感じたのですけれど、一体どこなんですか。洛中の中の洛中は。

井上　人によって、洛中観が違うんですよ。例えば**杉本秀太郎**※1。「杉本さんにとって、京都はどこまでですか」と聞いたことがあります。彼は、「祇園祭をやるところだ」と

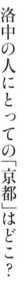

答えました。ちょっとローカルな地理の話ですけど、「祇園祭をやるっていうのは、つまり北の姉小路から南の松原までですか」と聞いたら、「いや、そんな了見の狭いことは言わない」と。「もうちょっと広げて、京都は、御池から五条までだ」と。やはり、了見は狭いと思うんですが。

鹿島　御池から五条までね。なるほど、かなり狭いですね。

井上　かなり狭い。もう一人、祇園祭を執行する側の杉田さんという民族学者にも、聞いたことがあるんですよ。彼は、「杉本さんが言うたはる範囲は、ちょっと狭すぎる」と。何でかと言うと、「二条通ぐらいまでは祇園さんの氏子がいるから、あそこも京都だ」と。相変わらず祇園祭中心主義なんですよね。

それで、杉田さんはやや範囲を広げて、「京都の範囲は、丸太町通から五条までだ。これが京都だ」と。でも、京都御所は丸太町通より北にあるんですよ。つまり、祇園祭の旦那たちは事実上、「京都御所は京都じゃない」と言ってるんですよ。「**冷泉家**※2なんて京都じゃない」と。冷泉邸は、御所より北側にありますからね。

だけど、梅棹忠夫のような西陣界隈の人に同じことを尋ねると、全く違う答えなんですよね。やっぱり西陣は、御所を中心とした、「いつか天皇は戻ってくるはずだ」と語り継いでいる人たちのエリアなんですよ。ちなみに、西陣は堀川通より西側の、御所よりは緯度の高いところです。

鹿島　なるほど。僕なりにまとめると、京都というのは武家がいない、天皇と町衆の街ではあるが、明治以来、天皇がいなくなってしまった。だから、町衆同士が互いに自分たちこそ中心であり、その中心の及ぶ範囲はここまでだと綱引きをしているという感じですね。同じ町衆でも、職人の街と商人の街では、中心意識が違う。

井上　そういう西陣の職人たちがいる街を、室町通を中心にした呉服問屋の旦那たちは、同じ京都として一括りにできないんでしょうね。遊びに行く花街も、互いに違っていましたから。

鹿島　なるほどね。でも、いずれにしても、洛外を差別する点では選ぶところがない。

井上　洛外とは、言葉遣いが違うらしいですよ。例えば、嵯峨の百姓にはなまりがあると。西陣と下京でも違っていた。僕にはもう、そういう聞き取り能力がないんだけど。

京都には、空襲がそんなになかったんですよ。若干は落ちたんですけれども。伏見には第16師団の陸軍の本部があり、宇治には軍需工場があったので、伏見、宇治は結構やられてるんですね。その話を、ある京都の戦争を語る会で、私は申し上げたことがあります。そのときに言われたんですよ。「伏見や宇治は、京都ではありません」って。

えっ、戦災の話を語るときにも、それが大事なんかと。『京都ぎらい』を書いた私の根っこの一つに、それもありますね。

あと、建築の件もあったな。「京都に残る建築で、一番古いのは千本釈迦堂（大報恩寺）」と言う人がいました。「えっ、醍醐寺じゃあないんですか」と、聞き返したんですよ。すると、「あそこは伏見です」と言われました。まあ、これは想定内でしたけどね。

――例えば東京だと、「本郷もかねやすまでは江戸の内」（「かねやす」という店までが江戸の範囲だ）という川柳がありますが、京都やパリには、その種の言葉はありますか。「ここまでが京都の中心だ」「ここまでがパリの範囲だ」と表現したような言葉は。

井上　昔は、御土居（秀吉が作った城壁）が、まあ洛中と洛外を分けていたんですけれども。幕府がその範囲を、北側でやや縮めて、鞍馬口通までにしました。そして、**京都所司代**[※3]が「是より洛中」という掲示を、御土居沿いに出したんですよ。そこまで馬に乗って来た人は、その掲示があるところで、馬から降りなければならなかったんです。あとね、京都の公家は、洛外へ泊まりに行くことを禁じられてたんですよ。

鹿島 どうして？

井上 幕府の**公家統制策**[※4]ですね。公家衆が、外へ出て勝手に武家らと付き合うことを、嫌がったんです。

鹿島 なるほど。

井上 例えばね、**桂宮《かつらのみや》さん**[※5]は、せっかく自分たちのこしらえた桂離宮、桂山荘を泊まりがけで見に行きたいと思うわけですよ。だけど、「是より洛外」というところを越えなければ行けない。これを幕府は認めない。誰のときやったか忘れたけど、「どうしても一日中見ていたい」と、ある宮さんが願わはった。桂離宮という言葉になったのは明治以降ですけど、「どうしても桂離宮に行きたい」と、幕府に申請を出すんですね。当時も、日帰りなら認められていたんです。

だけど、「どうしても泊まりたい。一泊したい」と言っても、幕府は「だめだ」と。その代わり、所司代の知恵者が、「届けはあくまでも日帰りで出してほしい。だけれども、『疲れた』あるいは、『病気になった。もうよう帰らん』ということで、やむを得ず泊まったということなら見過ごしてやる」とアドバイスしたんですよ。対応する幕府も狸親父やったんですが、書類はあくまでも「日帰り」ですね。

鹿島　何かいろいろ似てますね。最近の文書問題とかに。

井上　はい。

パリの人にとっての「パリ」はどこ？

鹿島　パリの場合は、非常にはっきりしているんです。城壁都市だから、パリは城壁の内側だということです。まずローマ時代に、セーヌ川の中州にリュテシアという名の都をローマ人が作った。もともと「リュテス」とは泥の島ということだけど、そのリュテシアから次第に南のほうに……今でいう左岸ですね……ローマの植民都市が築かれていったんです。浴場とか闘技場とかね。そういうのは全部左岸にあった。そっちがローマへ行く道だということもあるが、もう一つ、右岸は湿地帯でマラリアが猖《しょう》獗《けつ》していた。実は、セーヌ川というのは新石器時代までは、今の流域ではなく、グラン・ブールヴァールのあたりを蛇行しながら流れていた。そこから丘が始まっていたから。ところが、洪水でショート・カットが起こり、今の流域になった結果、旧セーヌ川は湖沼《こしょう》地帯になった。その名残が「マレ（沼地）地区」という名称です。この湿地帯は、テンプル騎士団の開墾《かいこん》まで残っていた。右岸の発達が、左岸に比べて遅れたのはそのためです。

　ところで、中世になると、パリは**ゲルマン人**[※6]に続いて**ノルマン人**[※6]、つまり**ヴァイキング**[※6]からの侵略を受けます。そこで、シテ島の周りに城壁を築いて、島だけを一つの都市にしちゃったんです。周りにいた人たちも皆、城壁に入り込んだ。一番下流が王宮で、反対側がノートルダム大聖堂。その間だけが民衆のすみかになって。すごい過密状態になった。

井上　だからあのころは、橋の上にまで建物を建てたんですね。古い絵図を見ると、そうなっている。

鹿島　そう。その過密度たるやものすごくて。マンハッタンか香港島みたいに、どんどん上にのびるしかなかった。その後、ヴァイキングの侵略を撃退して、**英仏戦争**[※7]でもイングランドの征服をなんとか凌《しの》いだおかげで、シテ島から出ることができた。右岸にも左岸にも広がった。

ヨーロッパで防御の方法は、「強固な城を築いて敵を寄せ付けない」というカースル・キープなんです。では、川の両岸に広がったパリをどうやって防御するかというと、城壁で周りを巡らすと同時に、シテ島の両岸に要塞を築くんですね。そして、川を上ってくる敵をその要塞から撃退する。

やがてその城塞も使われなくなる。侵略者が来ないから。で、その城壁を王宮にしようというので、できたのがルーヴル宮殿なんです。一方、王宮ではなく牢獄になっちゃったのが、バスティーユ。もともとは、「城塞」っていう意味なんですけどね。

井上 なるほど。そんなところが、大革命の檜《ひのき》舞台になったのか。

鹿島 パリの街は今、「右岸」「左岸」という言い方をするでしょう。しかし、アンシャン・レジームのころまでは、こうした呼び名はなかったんです。真ん中が「シテ(cité)」、要するに王宮のあった中心、シティですね。で、右岸は「ヴィル(ville)」、つまり商人のいる「街」ということです。じゃあ左岸は何て言ったかというと、これが「ユニヴェルシテ(université)」、つまり大学。パリは、シティと街と大学。

井上 要するにシテ島というのは、あの島がシティだということやったんですね。

鹿島　そういうことなんです。シテ島に民衆が中世以来ずっと住んでいたため、超過密になって、窒息状態になる。

井上　衛生面はひどかったでしょう。

鹿島　ひどかったでしょうね。そのひどい衛生状態の名残は、今でも見ることができる。プティ・ポン（小橋）の左岸寄りから、シテ島のほうを見てほしいんです。岸壁というか、川岸の壁に穴が開いてるのが見えるはず。これ、今は誰も気付かないのだけど、そこに「オテル・ディユ（神の家）」という名の市立病院があった痕跡なんです。病院で手術をした人の血や膿を、セーヌに流し出すための、川岸の壁の穴なんです。川に、血も膿も汚物もみんな流してたわけ。だから、病院が川の上にあった。おかげでそこは良い漁場になりまして、釣り人は皆そこで釣りをしてたのね。

井上　すごい話ですね。

鹿島　すごい話でしょ。それくらい、パリは19世紀前半までは不潔極まりない都市で、公共の上水道の水もセーヌから汲《く》んでいたから、コレラがはやるとたくさんの死者が出た。そこに**ナポレオン3世**[※8]が登場し、セーヌ県知事の**オスマン**[※9]に、シテ島の徹底改造を命じた。貧民街をシテ島から一掃しちゃえと。だから今、シテ島はパリの中心とはいうものの、行政や司法の役所だけで、民間人の住むエリアはほんの少しだけです。

パリと京都の「汚《けが》れ」に対する意識の違い

井上　パリと京都の違いだと思うんですが、京都の街は、ものすごく汚《けが》れを嫌うんですよ。京都の市中で処刑があったのは、多分平安時代のごく最初までで、それ以降、市中では処刑って一切してないんですよ。鴨川ではよく処刑をしたんですが、それは鴨川が洛外だった時代の話です。**石田三成**※10は鴨川で切られたし、殉教したバテレンたちも鴨川で処分された。

　でも、洛中の範囲は北側で縮まったと先ほど言いましたが、東側では拡大されました。そうして洛中の範囲が東へ広がると、鴨川では一切切らなくなるんですよ。より東のほうの粟田口いうところに、処刑場は遠ざけられるんです。とにかく、京都の街で血は流さないようにしようとね。

　ところが、パリだとコンコルド広場でギロチン刑を行いますよね。ずいぶん血に対する思いが違うなあと思います。祇園祭ってひどい祭りなんですよ。あれはね、悪霊を払う祭りなんです。汚れを払う祭りなんですよ。あの鉾《ほこ》は、悪霊を呼び寄せるという、一種の**依代**《よりしろ》※11なんですよね。これを、ぐうっと市中で回しながら洛外に放ってるんですよ。

鹿島　洛外に放ってるの？　あれ？

井上　こんなひどい祭りはないと思うんだけれども。

鹿島　洛外差別ね。洛外なら、悪霊がいくらいてもいい。

井上　まあちょっと、私に偏ったひがみ根性があって、そこを強調しすぎているのかもしれませんが。とにかく、外へ追い出そうとするんですよ。そういうものを。だけど、パリは……

鹿島　パリはね、コンコルド広場ができる前は、オテル・ド・ヴィル（市役所）前のグレーヴ広場が処刑場として有名だった。パリジャンにとって、処刑っていうのは最大の娯楽、見世物だから、中心を離れるわけにはいかない。

井上　いや、京都でも見世物やったんですよ。鴨川へ見物に行くんですよ。だから、オーディエンスの前で血を流すのは一緒なんですが、とにかく街中《なか》には入れないんですよ。

鹿島　なるほど。フランスは確かに、ノートルダム大聖堂の前では処刑しないけれども、その対岸のオテル・ド・ヴィルの前、つまり俗なるところでは処刑をしてもいい。

井上　その意味で、京都は洛中を聖なる場所にしてしまったということになるんでしょうか。街全体を、ノートルダム大聖堂前広場めいたところにしたのかな。

鹿島　京都では、だんだん聖なる場所が広がっていくわけですね。フランスでは、そういう汚れを避ける聖なる場所というのはあんまりないですね。考えてみれば、キリスト教の教会ではワインをイエスの血、パンを肉と見立てた聖体祭儀（ミサ）が毎週のように行われているのだから、血を汚れと見なすメンタリティがないのかもしれない。肉食中心だから、血を見るということが全然平気な人たちなんでしょうね。

井上　そもそも、ブッチャー（お肉屋さん）たちが肉を切った血なんかも、街にしばしば流れるわけですよね。

鹿島　18世紀の末に、**ルイ＝セバスティアン・メルシエ**[※12]が**『タブロー・ド・パリ』（パリ生活誌）**[※12]というのを書いた。メルシエってロンドンに行ったことがあって、初めて衛生観念を持ってパリの街を描写したフランス人でね。「フランス人は誰も気付かないけれども、フランスの街は耐えがたい悪臭がして、非常に不潔だ」ということを延々と書いている。「特に、街角の肉屋からは大量の血が街路に流され、骨も野ざらしだが、パリジャンは全然平気だ」と記録している。歴史家にとっては、非常にありがたい存在の書物です。

井上 女の人のヒールも、うんこよけだと聞いたことがあるんですが、それは本当ですか。

鹿島 どうでしょうかね。ヒールというのは、纏足《てんそく》と同じで、女の人の性的機能を高めるためではないかという説がある。これ、明治大学で私の同僚の教授、張《ちょう》競《きょう》さん説だけどね。

井上 なんか、人に責任なすりつけたはりますね（笑）。

鹿島 確かにね（笑）。ただ僕は、井上さんの言う説は違うと思っていて。というのも、上流階級は邸宅から馬車で出て、チュイルリー公園などに直接散歩に行く。つまり、街中《なか》は歩かなかったんですね。自宅→馬車→チュイルリー公園なんです。

井上 ああ、なるほど。了解しました。

鹿島 詳しく見てみると、ほとんど室内履きみたいな感じの靴、華奢な靴を履いて、チュイルリー公園やリュクサンブール公園を散歩してはいるんですよ。だけども、ハイヒールを履いたというのは、ほとんど見ないですね。

井上　そこまでは、馬車で運んでもらって。

鹿島　そう。だから、街中がいくら汚くても、そこを歩かない上流階級には関係ない。環境汚染について一言、言っておきましょう。今はもうなくなってしまったけれども、レ・アールという中央市場が、右岸の真ん中に1970年くらいまであって、その横にイノサン広場というのがあった。ここは19世紀には野菜市場になっていたけれど、その前は墓地だったのね。つまり、街の真ん中に墓地があった。ただし、中世にできたときには街外れだった。シテ島がパリだったころ、かなり離れたところに墓地を作ったつもりだったんですよ。

墓地って、だいたい中心部から見て、西の外れにあるでしょ。日の沈むほうに。これは洋の東西を問わない。イノサン広場も昔は「西の郊外」だったのだけれど、パリの市域がどんどん拡大していくうちに、その墓地が城内になっちゃったわけですね。そのまま800年ぐらいずっと、このインサン墓地をそこに置いといた。

井上　京都では洛中の範囲が広がったら、鴨川では一切処刑しなくなったけど。

鹿島　パリの住民がどんどん増えても、死体は皆そこに入れられた。どうしてそんな収容能力があったのかというと、これがいろいろと工夫をしていた。イノサン墓地の四カ所に巨大な穴を掘るんです。で、その穴にちょうどサーディンのオイル漬けみたいに、何層にも重ねて死体を並べていくわけね。そして上に土を被せる。シャケ弁当みたいに。完全に腐敗し終わって骸骨になるのを待って、骨を全部出して周りの納骨堂に並べる。この過程を四つの穴で循環して、繰り返す。腐り切るのを待つ間、それはものすごいにおいがパリ市内に漂っていた。

井上　死臭がね。

鹿島　そう。その隣に中央市場があるから、合わせて、「巨大な悪臭コンビナート」と言われてね。

井上　その腐敗した死体で、野菜を育てようというのは、さすがになかったんでしょうね。

鹿島　それはなかったのだけど、面白いのは、イノサン墓地の周りの納骨堂がアーケードになっていたことですね。当時は、雨露を防げるアーケードが珍しく、雨の日はそこに人が集まったので、アーケード商店街ができちゃったのね。いろいろな土産物を売る店ができたりして、観光地になった。お墓の周りが。

井上 へぇ。

鹿島 「メメント・モリ（自分もいつか必ず死ぬことを忘れるな）」というのがキリスト教の教えだから、当時の人間は、骸骨が並んでいても別に怖くはないんですよ。むしろ、精神修養になる。というわけで、アーケードが商店街になって、人が集まるから娼婦まで出没する。博打場もできる。商店と娼婦と博打がそろって、世界最初のショッピングモールが完成した。

でも、あまりに悪臭がひどいというので、イノサン墓地を廃止しようということになった。すると、それを見ていた**ブルボン王家**※13の親類で、借金まみれになっていたオルレアン家の殿様が「これだ！」とアイデアをひらめかせた。自分の王宮だったパレ・ロワイヤルの中庭の回廊を改装して、ショッピングモールを開業した。イノサン墓地のアーケードと似せて。1784年のことです。これが、後に「飲む、打つ、買う」の三拍子そろった「悪の殿堂　パレ・ロワイヤル」と呼ばれるようになる。

井上 なるほど。そんないきさつでできたパレ・ロワイヤルが、大革命で「武器を取れ」と叫ばれた舞台になっていくわけですね。皮肉な歴史やな。それにしても、オルレアン公は王族ですが、精神のありようはブルジョワジーですね。

パリの墓地

——先ほど、西にお墓があるというお話がありましたが、現在のパリの西郊外は、ヴェルサイユやヌイイ（ヌイイ＝シュル＝セーヌ）など、高級住宅都市になっていますね。

鹿島　パリの墓地の歴史を見ていくと、パリ市の市域が拡大していく中で、まず墓地が西漸《せいぜん》（文化などがだんだん西のほうへ移ること）するのです。つまり、西の端っこのほうに墓地を移す。

井上　やっぱり最初は、端っこに作るんですね。

鹿島　端っこに作るんですね。

井上　いきなり街中には作らない。

鹿島　当時イノサン墓地を西の端に作ったのは、たまたまだったのですが、だんだん街の真ん中になっちゃった。その後、ロンドン的な都市計画というものが出てくると、墓地は計画的に郊外に作られるようになる。だから、モンマルトル墓地、モンパルナス墓地、ペール・ラシェーズ墓地も、かつてパリの端っこか、市域の外にあったんですよ。もっとも、墓地というのは最初、貧乏人の死体を収める場所で、金持ちは教会の地下に葬られていた。

井上　ちょっと突然変な話ですけど。ヨーロッパの教会って、教会の土間の下に墓が結構あったりするじゃないですか。教会を参拝すると、否応なく墓を踏んでいくじゃないですか。だから、**谷崎潤一郎の『瘋癲《ふうてん》老人日記』**※14ね、ヨーロッパの人にはあのニュアンスが分からないんじゃないかなと思うんですよ。息子の嫁に……

鹿島　足で踏んでもらう。

井上　自分の墓石に彼女の足型を刻ませて、死後も踏みつけてほしいっていう。ヨーロッパの人は、「それの何が面白いんや」ってなるでしょう？　あれ、フランス語へ翻訳するとき、どうなったんでしょうか。

鹿島　どうなんでしょうね。でも、意外と理解できたのかもしれないですよ。というのは、ヨーロッパの墓って平らでしょう。日本の墓は立ってますよね。だから、谷崎の墓って、日本にしてはかなり例外ですよね。ヨーロッパ的な墓のニュアンスで考えてる。

井上　いや。だけどその、踏まれるというのは。

鹿島　踏まれるということね。

井上　だって、ヨーロッパの教会では、床下の墓をみんな平気で踏んでるじゃないですか。そんなこと、なんでもないわけですよ。彼らには。そういう人たちに、墓を踏んでもらうという物語に託した谷崎のマゾっ気は、分かってもらえるのかな。そんなの踏みたくないと、日本ならたいていの女性が思う。だからこそ、踏ませると、多くの女性がおののきを感じる。そのおののきを予感するだけでたまらないという、日本的なマゾヒズムは、彼らに通じるんでしょうか。

鹿島　もともと、遺体は教会の地下に納骨していました。特に金持ちは。しかし、圧倒的に数の多い貧乏人の遺体を収める場所がなくなってしまった。そこで、墓地は教会から外して、郊外に持っていこうということになった。それをまねしたのが、明治政府。明治政府は、廃仏毀釈《はいぶつきしゃく》の延長でお寺から墓を取り上げて、青山墓地を作ったから。

だから、明治政府が作った墓地って全部無宗教でしょう。要するに、宗教から墓の権利を取り上げるという、ヨーロッパ的発想なのですね。しかし、その谷崎の「踏まれる」ということに関しては、どう理解すべきか。

土地の持ち主

鹿島　さっきも言いましたけど、横浜の実家の酒屋を継いでたら、僕は直系の6代目なんですよ。昔は醤油まで造っていて、子どものころに聞かされたのは、「関東大震災までは、うちは大金持ちだった」という愚痴。なぜ大震災を境に突然貧乏になったかというと、不動産がなくなってしまったからなんですね。昔の日本では、明治以後でも、土地というものにはあまり価値が置かれていなかった。上の家作《かさく》だけが価値あるもので、家作をいくつ持ってて、人にどれくらい貸して家賃を取るかということが重要だった。だから、僕の祖先も横浜の中心部に家作を持っていた。ところが、関東大震災で、家作は全部燃えてしまって、土地は自分のものじゃないから、すっかり貧乏になったという話です。

——パリでは街が広がっていく過程で、不動産はどんなふうに扱われたのですか。

鹿島　パリの不動産というのは、ちょっと外国人には理解できないくらい複雑なんです。土地と上物である建物と、その建物のフォン・ド・コメルス（商業利用権）が別なんです。実は、商業利用権というのは日本にもあって、不動産商品ではなく金融商品なんですって。

パリではその傾向が強いから、土地と上物である建物と、建物の商業利用権は別のマーケットになっている。東京の中心街は、調べていくと土地の所有権はたいてい、三菱地所と三井不動産に行きつく。フランスでは、革命前は、土地は教会と王侯貴族の所有でしたが、革命で没収された。オスマンが大改造したとき、ほとんどが大手の不動産会社や銀行の所有に帰したのだと思う。

井上　ロンドンの、インナー・ロンドン（ロンドンの中心部を構成する特別区）は、爵位を持った5人くらいの地権者だけで、全域持ってると聞きましたけれども。

鹿島　フランスの場合、その寡占《かせん》地主に相当するのは大手の不動産会社と銀行ですね。第二帝政期から続く企業。

井上　土地所有では、ブルジョワ革命（封建制を倒し資本制に基づく近代社会を生み出した市民革命）に成功したということですね。フランス革命で。

鹿島　そう。一応、ブルジョワ革命には成功してるんですよ。旧オルレアン家の土地とか、**コンデ家**[※15]の土地っていうのは全部、国家に没収された後、不動産会社と銀行の所有に帰したから。

井上　領主の地権が、パリからは一掃された。

鹿島　大改造をしたパリからは一掃されたのだけれど、地方にはそのまま残った。

井上　じゃあ、日本並みになったわけですね。

鹿島　都心の、丸の内界隈には「三菱村」と呼ばれる地域があるし、八重洲、日本橋側には「三井村」がありますね。多分彼らは、パリで不動産会社が土地を買い占めたのをまねしたんだと思うんです。

今は三菱村になっている土地が、払い下げで売りに出たとき、**渋沢栄一**[※16]グループと三菱グループがものすごいバトルをやってますね。当時ロンドンに留学していた三菱の幹部が、現地から電報をよこして、「ロンドンでは土地を持っている不動産会社が、最終的には経済競争に勝つ時代になっているから、絶対買っとけ」と言って、渋沢グループを蹴落とした。

ただし、当時の日本に、土地に対してそういう発想があったとは思えない。ほとんどなかったと思う。三菱の幹部たちは、ヨーロッパでは巨大不動産会社が大都市の土地を所有していて、地上権や商業利用権などで利益を上げているのを見て、そのシステムを海外から輸入したんだと思うんですよ。

パリの高級住宅地の変遷

鹿島　高級住宅地の変遷モデルについてですが、僕は「都市の高級住宅地・西漸説《せいぜん》」というのを唱えていて、パリもそれに当てはまる。昔、王宮があったところを中心として、時代の変化によってブルジョワジーが台頭する。新興の金持ちが増えてくると、そういう人たちが街の西に土地を求めるんですよ。

なぜかというと、西の土地は余っていたから。さっき言った通り、西には墓場があったし、日が没するところだから誰も行きたがらなかった。だから余っていて、値段も安かった。大金持ち連中が、民衆がうじゃうじゃたくさんいる地域を避けて、広壮な土地を求めようとすると、必然的に西になるんです。高級住宅地というのは、その変遷モデルで移っていくと。

井上　なるほど。

鹿島　19世紀前半のパリ西地区の高級住宅地は、主に三つあるのね。18世紀末から19世紀にかけて、最初に中心の外側に発生した高級住宅地は、フォーブル・サン＝トノレ地区（現在の8区）。今でもかなりの高級ブティック街です。フォーブル・サン＝トノレ通りは、サン＝トノレ通り（現在の主に1区）とは別の通りなんですよ。というのも、かつては、この二つの通りの間に城壁があったから。フォーブルというのは「城外」という意味なんです。

サン＝トノレ通りというのは、パリで最も古い市内の道路の一つで、最も早くから商店街になりました。さっき話した「大阪」というラーメン屋や「ひぐま」というラーメン屋があって、かつては日本人がたくさんいて、少しごちゃごちゃしたところでした。

ところが、通りの名前がフォーブル・サン＝トノレに変わった途端、すごく高級になるのです。エルメスとか、世界的ブランドショップが並んでいます。

井上　今、大阪という名前に特殊な感情を込められましたね（笑）。

鹿島　このラーメン屋は、大昔からあってね。

井上　「ごちゃごちゃ」を代表する名前として。

鹿島　「大阪」も「ひぐま」も、もはや経営者が日本人じゃない。従業員も客も多国籍化して、日本人が一人もいないのね。しかし、そういうふうに、名前だけは残ってる。

井上　そうですか。

鹿島　話を戻すと、二つ目の高級住宅地は、ブルジョワたちが豪邸を建てるために旧城壁跡に開発したショセ＝ダンタン地区（現在の9区あたり）。三つ目は、フォーブル・サン＝ジェルマン（現在の7区）。エコール・ミリテールとセーヌの間。この地域は商業、金融ブルジョワに対抗するために、旧貴族たちが作った、19世紀前半の高級住宅地なんです。

バルザックの本には、この三つの地域の相互バトルが描かれているけれど、こうした地域同士の差別感情や、地域格差のことが頭に入っていないと、読んでいても意味がよく分からないことが多い。

井上　地域格差が分かれば、すごく面白いんでしょうね。差別の認識は、文学鑑賞に必要である、と。

鹿島 オスマンの大改造が起こると、高級住宅街地図も微妙に変化したんですよ。

井上 19世紀後半、ナポレオン3世の第二帝政期ですね。

鹿島 はい。その第二帝政期に大儲けした金融資本家たちが、さらに外側を再開発したんです。それまでの三つの高級住宅地では、「ドーダ、すごいだろ」と自慢できるような大邸宅を建てられないということで、現在8区にあるシャンゼリゼ通りの北側のモンソー公園周辺を開発したんです。

井上 はい。分かります。

鹿島 17区。そのモンソー公園の周辺部分に、高級住宅地が移ったんです。今でも超高級、超ブルジョワです。ここは、ユダヤ系の金持ちが多く住んでいたところで、その中の一軒が、今は**ニッシム・ド・カモンド美術館**[※17]となって残っています。

井上 ド・カモンド伯爵が収集した美術品が展示されている。

鹿島 カモンド伯爵の一族はナチに殺されてしまったんですが、その前に、第一次大戦で戦死した息子のいた邸宅を、当主が国家に寄贈した。

その後、高級住宅地は16区に移るんです。エトワールからブローニュ（ブローニュ

＝ビヤンクール）まで。ナポレオン3世時代に、オスマンが大改造して広い道路を通したから、次にここが高級住宅地として浮上します。19世紀後半から20世紀前半。16区は、厳密にいうと、新興ブルジョワジーの街というよりも、ブルジョワジーに仕える医者、弁護士、会計士、公証人たちの街です。

応仁の乱の前、後

井上　杉本秀太郎の杉本家の土地って、1000坪近くあるんですよ。杉本家にその気があれば、髙島屋か大丸にでもなってたお家なんですよ。まあ、千葉県ではデパートを経営したはるんですけどね。本人は京都の**三高**※18へ行かずに、金沢の**四高**※19に行ったはるんです。多分、あの家を継ぐのは嫌やったんやと思うんですよ。フランス文学を志した段階でね、家出の志があったと思います。

ところが、家業は継がなかったんだけど、お家と祇園祭は継いだんですよ。でも私には、杉本さんが町内会で祭りの執行について、隣近所の人と打ち合わせしてる姿って、なんか想像できないんですよね。とてもそんなところで、愉快に過ごせる人ではないと思うんだけど。老舗で、近所付き合いも含め、言うに言われん苦労もしたはる。その思いがね、私などに対するいけず口になるんじゃないかと。

鹿島　「洛外の田舎者」と揶揄されたという、『京都ぎらい』の冒頭部分ね。

井上　はい。でも、あれを読んだいろんな人から言われたんですよ。「私は杉本さんにこう言われた」「私の場合はこう言われた」と。ああ、僕だけじゃなかったんだと思いました。だけど、それだけお店を継ぐ、家を継ぐ、というのは大変なことなんやろうなと。

鹿島　パリでは、そういうふうに何代も商業で続いたという家はあまりないですね。パリは常に、新しい人が流入してくる街なのでね。特に、下のほうの階級は。それに、ナポレオン3世の時代に、旧商業地区と新規商業地区の組み換えが起きていますからね。

井上　じゃあ、京都で時々「応仁の乱の前、後」とか「**蛤御門《はまぐりごもん》の変**[※20]の前、後」とか言ったりするけど、パリでは「ナポレオン3世の都市改造より前、後」と言ったりするんですか。

鹿島　言います。それくらい徹底的な破壊が行われた。パリを歩くと、日本人にとってはどこも古い街並みのように見えるけれど、実は大半が1867年ごろ、日本でいえば明治維新のころに建てられたにすぎないんです。不動産の広告では、1900年前後のオスマン以後の建物は「バティマン・ヌフ」、つまり「築浅物件」扱いです。

井上　京都ではね、応仁の乱が終わった後、上京と下京の中間地帯は焼け野原になって、何にもなくなるんですよ。街が残ったのは、上京と下京だけになりました。間はほんとに、スカスカやったんですよ。これが、秀吉の時代になって、上下両京へ分断された街が、だんだん一つになり始めるんです。そのころにやっぱり人口の流入がありました。近江とか伊勢から入ってくるんですよ。この新参者を「中京衆《なかぎょうしゅう》」と呼んでいたんですね。上京と下京の間に横たわるスカスカの場所に、彼らは住みつきましたから。上京と下京の中ほどに群がった人たち、というう感じのニュアンスで。中京衆は、新参者なんですよ。

鹿島　中京区ってのは？

井上　今の中京区という区ができるのは、ずいぶん後なんです。多分、1920年代の終わりごろだったと思います。戦国末期の、今述べた中京衆とは、含みが違います。

中京衆は、島原の遊郭で遊ばなかったんです。いや、遊べなかったのかもしれない。島原には格式があったんですね。そんな新参者に見いだされた遊興《ゆうきょう》地が祇園なんですよ。

ただ、彼らには、経済力があったんです。他地方から入ってきて、中京を盛り立てた彼らには力があり、大阪や江戸に店を構えた。丸紅やとか伊藤忠やとか、三井もそうかな、そういうのになっていくわけですよ。その意味で、17世紀初めまでの中京あたりは、東京の港区のようなもんなんですよ。

鹿島　なるほど。

井上　上京、下京は台東区なんです。台東区と同じように、勢いではおされているんだけれども、うちのほうが由緒あると威張っていたんです。

鹿島　ああ。確かに、僕の友人の台東区の人、洛中意識が強いですね。『男はつらいよ　フーテンの寅』に出てくる葛飾区柴又なんてところを、下町と呼んでくれるなと。

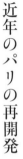

近年のパリの再開発

――先ほど、パリの高級住宅地の広がりについてのお話があったのですが、2020年を迎える現在では、どうでしょうか。

鹿島　さっき16区の高級住宅街化まで話しましたが、その後は、高級住宅街は西の郊外のヌイイというところに移ったんです。パリ市内では、もう西に行きようがないから。ヌイイは今でも超高級住宅地で、16区やブローニュの森に隣接する郊外都市。元大統領のサルコジは、このヌイイの市長をやっていました。その後、超高級住宅地というのはあまり新しいものができなくなった。もちろん、昔からの高級住宅地はそのままありますよ。日本よりも、はるかに強固な形で。

では、不動産状況はどうなったかというと、パリ市内での**循環物色**[※21]が始まった。12区のバスティーユにオペラ座が新築されて再開発されたことで、バスティーユ周辺やオベルカンフが流行の街となった。バスティーユの周りは、元は家具職人の街だったけれど、再開発で、家具職人たちがみんな追い出された。家具職人のアトリエだったたから、建物の天井が高いんですよ。それを好んだ芸術家たちが、バスティーユ周辺にアトリエを移した。それに釣られてスノッブな若者たちがカフェやレストランを開き、おかげで、11区や12区の物件価格が結構上がった。35年ほど前に僕がパリにいたときには、バスティーユといえば、くすんだ元職人街という感じだったけど。今や、**BOBO（ボボ）**、**BOBO chic（ボボシック）**※22と呼ばれるような、新興成金がいるところになった。

――ボボシックは、ファッション誌などでも、おしゃれな人たちとして紹介されてますね。

鹿島　はい。今や、その流れがさらに北と東に広がった。かつてはアラブ人街、黒人街であった19区のベルヴィル、20区のメニルモンタンという地域に、その波が押し寄せているのです。

なぜ、その地域が再開発されたかというと、ベルヴィル、メニルモンタンというのは表面的にはアラブ人街、黒人街のように見えたけれど、実際には中国人街だったから。つまり、地主や建物の持ち主は中国人だったんですね。

中国人は貧しい状態で移住してくるけれど、2代目、3代目には金持ちになる。ベルヴィルにいた中国人も皆金持ちになって、アラブ人や黒人の住む建物の所有者になり、土地も買い占めていく。そして、値上がりが始まると不動産業者にまとめて売り渡したわけ。だから、かつて貧乏人の街だったベルヴィル、メニルモンタンはどんどん地価が値上がりして、今では高級住宅地とまではいえないけど、もう移民街ではなくなった。今は、若いフランス人たちが住んでる街になっています。東京でいえば、練馬区や中野区のようなレベルになっています。

井上　つまり、国家が排除のいやらしい権力を発動しなくても、金が移民を追い出してくれるということですね。

鹿島　資本主義は常に差を求めている。相対的に安いところに金が注ぎ込まれる。今、パリで移民が残っているのは、北駅周辺の黒人街と18区のモンマルトルの裾野くらいしかない。しかし、いずれそこも、ベルヴィル、メニルモンタンと同じような運命をたどるだろうと予想してます。追い出された人たちは、全部パリの北郊外に移っている。もともとそこは移民が多かったのですが、さらにどんどん増えてるんです。移民は、いずれパリには住めなくなるでしょう。

パリのマレ地区はユダヤ、ファッション、ゲイのエリア

——マレ地区やサン＝ジェルマン＝デ＝プレ地区は、おしゃれなイメージがありますが、歴史的にはどうなのでしょう？

鹿島　どちらも、今はおしゃれな地区ですね。左岸のサン＝ジェルマン＝デ＝プレは、オスマンがサン＝ジェルマン大通りとレンヌ通りを通してから、発展が始まった。それまで左岸は、坊さんと学生の地味な街でしかなかったのが、次第に高級化していって、戦後の**サルトル**[※23]・ブームで爆発した。

右岸のマレ地区は、前にも言った通り、旧セーヌ川の湿地帯（マレ）だった。テンプル騎士団が12世紀からそこを開拓して、巨大なコマンドリー（キリスト教騎士修道会の所有地）を築いた。アンリ4世がプラス・ロワイヤル（ヴォージュ広場）を作ったころには、周囲に大貴族の豪邸が立ち並んでいたけれど、王宮がヴェルサイユに移ってからは衰退し、ユダヤ人の街になったんです。しかし、その前にパリのユダヤ人について、解説しておかなければなりません。パリにいるユダヤ人って、移ってきた

時期によって系統に違いがあるんです。最初は、北アフリカやポルトガルからやって来た人たち。この人たちが大革命で解放されてから、パリの金融街を形成していったんですね。

井上 フランス革命以後ですね。

鹿島 ええ。その人たちは第二帝政のときに、政権の周辺に食い込んだこともあり、すごいお金持ちになった。その後、今度は東のほうからアシュケナージと呼ばれるユダヤ人が流れ込んできた。このニューカマーのユダヤ人が入り込んだのが、マレ地区なんですよ。彼らは、ヒゲやもみあげを長く伸ばして、キッパと呼ばれる帽子をかぶっていた。ニューヨークにいるようなタイプのユダヤ人ですね。彼らより前に来たユダヤ人は、ほかのフランス人と全然見分けがつかなくなっていたけれど、彼らはユダヤ性を色濃く残していたんです。

マレ地区にはユダヤ人教会もあって、今でもユダヤ人地区だけれども、彼らもまたあっという間に金持ちになり、密かにほかへ移っちゃう。それが、不動産が動く先導要因となった。さらにマレ地区は、ゲイが集まるエリアでもあるんですよ。

井上 ファッションとゲイの中心地。

鹿島　マレ地区に、アルシーヴ通り（アルシーヴ・ナショナル／公文書館が近くにある通り）というのがあるんだけど、そこは男物の店しかないんです。

井上　店の看板もそうなってるんですか。

鹿島　はい。カフェに座っているのも、みんな男。男同士のカップルがずらーっと並んでる。

井上　新宿二丁目もゲイタウンですが、なんであんな街になったんですかね。

鹿島　ある人から聞いた説ですが、二丁目にラシントン（パレス）・ホテルっていうのがあったんですね。ワシントンホテルじゃなく、ラシントン。そこは、ハッテン場（同性愛者たちの出会いの場）として有名だった。かの**ミシェル・フーコー**[※24]も、このホテルを非常に愛したという。

もう一つの説は、二丁目は**青線**[※25]だったけど、売春防止法によってそれがなくなってしまったため、ゴールデン街のほうに隠れ売春宿として移った。その空いた二丁目に、ゲイの人たちが入り込んだという説ね。

井上　あのへんは、割と店が手軽に買えた、あるいは借りられた。家賃も安かったので、いわゆる売春業者ほど資金を持ちあわせない、ゲイ方面で商売をしようとする方たちも、入ってくることができたというふうに聞いてます。

鹿島　僕が高校生のとき、二丁目はまだゲイタウンになってはいなくて、青線の名残があって少し怖い街だった。対するに、歌舞伎町って結構健全な街だったよ。信じられないでしょうけれど。

井上　それは、鹿島さんが不良だったからではなく？（笑）

鹿島　そういうわけではなくて（笑）。歌舞伎町って、かつては映画館の街だったんです。歌舞伎町という町名も、歌舞伎の殿堂を作る構想から付けられた。それが、急激にエロタウン化したのは、なんでだろう。ビニ本（ビニールで包装された過激な内容の成人向け雑誌）ブームくらいからかな。

京都にゲイスポットはない

──京都にも、ゲイの人が集まるエリアというのは存在するんでしょうか。

井上　残念ながら、京都にはないですね。

鹿島　残念ながら、ないですか。

井上　大阪では、堂山地区というところがゲイタウンになってます。でも、新宿二丁目に比べたら、規模は微々たるもんです。

鹿島　そうですか。

井上　マレ地区と新宿二丁目のゲイタウン度合いを比べてみると、どうですか。

鹿島　新宿二丁目のほうはあまり知らないんですが、パリのゲイタウンは、変遷を少し知っています。昔、東京銀行が、オペラ座付近のサン＝タンヌ通りというところにあったんです。日本人は、両替や仕送りの受け取りにみんなそこへ行ったんです。ただし、それは昼の顔でね。夜になると、そのサン＝タンヌ通りには、男の街娼がずらーっと立ち並んでいたんです。

井上　ブローニュの森にも、いっぱい女装者が立っているという。

鹿島　ブローニュは今もそうだけど、サン＝タンヌに少年たちがずらーっと並んでいたのは、1980年代ごろまででしょうか。「へーすごい光景だな」と思いましたよ。

井上　それは、必ずしも女装者ではないんですか。

鹿島　女装者ではなく、小遣い稼ぎの高校生とか、そういうのが立っていました。 三三島由紀夫がパリに行って、黛敏郎《まゆずみとしろう》※26（作曲家）に連れて行かれたゲイバーというのは、多分このサン＝タンヌにあったんだろうと思いますね。マレ地区のゲイタウンは、こういう売春というよりも、ゲイ文化発信の街のようですね。

井上　これは、私がブラジル人に聞いたんですが、ブローニュの森に立ってる女装者の約7割は、ブラジル人だと。パリでも、彼（彼女？）らのことは、ポルトガル語で「トラベスチ」と言うらしい。

鹿島　「異性装者」っていう意味ですね。パリの売春地図は、年がら年中変化してるけど、フランス人の売春婦がほとんどいないことは確かです。東欧やバルト三国、ルーマニアやモルドヴァ共和国の人がほとんどだと聞いたことがあります。

井上　そういえば、京都にもロシアンパブ、ルーマニアンパブって一時ありました。今も、続いているのかもしれませんけれどね。あれは国境を越えて、ロシア人、ルーマニア人の評価が高いんでしょうか。日本の風俗営業で働いているのが、本物のロシア人、ルーマニア人かどうかは、分かりませんが。

鹿島　ルーマニア人って、ラテン気質なんです。ルーマニアンパブでホステスさんから聞いたんですが、男は飲んだくれの道楽者で、稼ぐのは女というタイプの国だそうです。日本でいったら、土佐みたいなもんです。女性が、男勝りで働き者。

井上 とはいえ、東京に「土佐娘」という店ってあんまりないでしょ。もちろん、京都にもありません。

鹿島 ルーマニアでは大昔から、女奴隷が有名だったんですよ。トルコのハーレムには、ルーマニアからかなりの女奴隷が送りこまれてきていた。

井上 すごいうんちくですね。

京都、東京、パリの「とらや」

鹿島 東京の赤坂御所の真ん前に、「とらや」があるでしょ。東京オリンピックの歴史を調べていてビックリしたのだけれど、「とらや」はオリンピック前は、反対側、つまり赤坂離宮の塀のところにあった。御所にはりつくように。

僕がその発見について話したら、鷲田清一《わしだきよかず》(京都市下京区出身の哲学者)に馬鹿にされて、「そんなことも知らないのか。京都の『とらや』を見ろ」と。確かにそう言われてみれば、御所にはりついてますよね。あれが正しい「とらや」のあり方なんだと。

井上 鷲田さんのおっしゃり方にも、私は京都の臭味を感じますね。確かに、「とらや」は京都で創業して、維新で本店を東京に移したんですけどね。ところで、「とらや」はパリにもあるようですが、誰が食うんやろ。

鹿島 結構はやってますよ。パリで、あんこというものに市民権を与えたのは「とらや」だからね。それまでは、あんこって、フランス人にとって気持ち悪い最たるものだった。うさぎのうんこにしか見えないから。

井上 見ようによっては、確かに、おっしゃる通りやね。気が付かへんかった。「とらや」は、宮内庁御用達、皇室御用達というのを売り物にしているでしょう。そして、京都にはそういう店が多かったんです。「とらや」は御所のそばにある。それはその通りなんですが、私はね、思うんです。

京都の、二条通から南側の商人たちが付き合う権力の館は、御所じゃあなく、二条城やったと思うんですよ。幕府の出先である所司代、京都所司代だと。今の東京でいうと、二条通が霞ヶ関ですよね。三条通は東海道に直結しますから経済拠点、いわば日本橋です。権力の道が二条通、経済の道が三条通。この二本がメインストリートでね、商人たちはここにくっ付いている。この近辺の、とりわけ政商たちは、天皇が東京へ移ったこと以上に、幕府がついえ去ったことを残念がったような気がするんですよ。

鹿島　なるほどね。

井上　彼らは、あまり尊皇思想を持たないんじゃないか。だからこそ、「京都の範囲は丸太町まで」というふうなことを言う。「御所は京都じゃない」と。

鹿島　それは、あるかもしれないですね。私がやはりショックを受けたのは、二条城の立派さ、京都御所の簡素さ。蛤御門の変についての本を読んで、さぞや立派な門構えと想像していたけど、え、これが蛤御門なのっていう感じで。

井上　確かに、ヴェルサイユあたりと比べるとね、大した権力ではないなと。

鹿島　幕末の時期、**慶喜**[※27]って将軍は結局、江戸城にはほとんどいなかった。数日しかいなかったんじゃないかな。あとは全部、二条城でしょ。だから、あそこが事実上、幕府だったわけですよね。

井上　二条城って、もともと天守閣もあったし本丸御殿もあったんです。今の本丸御殿は明治以降の移築建築で、本来の本丸御殿より縮小されているけど、それでもそこそこ立派なあの姿なんです。それに比べて、京都御所の清涼殿や紫宸殿《ししんでん》は、**光格天皇**[※28]のときに幕府におねだりして、より立派なものをこしらえてもらって、あの簡素さなんです。まあ、蛤御門の規模は、前と同じですが。

鹿島　そうですか。光格天皇は、現在の天皇家の直系の先祖ですよね。御所は今よりもっとひどかった、あれでも立派になったと。

井上　もっと、みすぼらしかったんですよ。京都のいろんなお寺も、幕府のおかげでだいぶ立派になったわけですし。

鹿島　そういうことですね。

井上　だから京都は、もう江戸時代から、江戸＝東京をパトロンに持つ街として生き延びる方向を選んでいたんではないでしょうか。「江戸＝東京何するものぞ」とは、あんまり思わなかったんじゃないかな。

鹿島　京都の栄光は応仁の乱まで、ということですかね。

京都とパリの街並みを比較

鹿島　パリにはセーヌ川、京都には鴨川がありますが、東京では飯田橋と神楽坂が「東京のパリ」といわれてます。なんでかなと考えたら、真ん中に、川ではありませんが旧お堀があるから、ということらしい。

井上　神楽坂が、パリといわれてるんですか？

鹿島　いわれてるんですよ。知らないですか？

井上　街の面影は、全く似ていないように感じるのですが。ともかく、知らなかったです。

鹿島　僕は『東京時間旅行』という本を書いて、なぜそういわれるようになったか、その謎を探りました。公式な説はいろいろあるんです。例えば、飯田橋、というよりも九段にフランコ・ジャポネ（リセ・フランコ・ジャポネ・ド・トキオ／東京。現在の東京国際フランス学園）という、フランス人の**リセ**[※29]が暁星学園のそばにできて、そこにフランス人が集まってきたからという説。対岸に、東京日仏学院（現在のアンスティチュ・フランセ東京）ができたことも大きかった。これが、一応公式な説ですね。
しかし、さらにいろいろさかのぼっていくと、知られざる起源が分かってきた。それは、フランス公使館が九段にあったことなんです。フランス公使館は、最初は港区のお寺にあったんだけど、明治20年代に、九段の**大隈重信**[※30]邸跡地に移ったんです。そのせいで、法政大学とか東京理科大学とか、フランス系の大学がみんな九段や飯田橋周辺に集まってきた。
あと、お堀の存在。あれを挟んで、右岸・左岸というイメージを喚起したのではないかと。
井上 どっちが右岸で、どっちが左岸？
鹿島 それは難しいところですね。あともう一つ。フランス人って直線的な街が嫌いで、神楽坂みたいに、路地が入り組んでるところが結構好きだということ。
井上 じゃあ、道が座標状になっている京都なんか嫌われて然るべきやのに、どういうことなんでしょうね。結構、京都で暮らすフランス人はいますよ。
鹿島 確かに、京都はニューヨーク的だ。
井上 鴨川も真っすぐですよ。少なくとも洛中では。無理やり真っすぐにしたんだけれども。

鹿島　鴨川も真っすぐで、道路も碁盤目だ。ローマ式の、広場を中心とした構造ではない。

井上　私は思うんです。パリでは、およそ8kmにわたるセーヌ河岸が、街並み自体が、世界遺産に登録されていますよね。京都にも世界遺産はあるんですが、ほとんどが洛外の、山沿いの寺なんですよ。中心部では、二条城と東寺、西本願寺くらい。

要するに、都市としての京都自身は見るに値しないと、国際的に思われているわけです。ヨーロッパの古い街は、その景観自体が市民の誇りに値するものとなっているじゃないですか。僕は、「京都とパリがよく似ている」といわれるたびに、いや、違うという思いを抱きます。だって河原町通を、二条から五条まで歩いて、同じ形をしているビルって、一つも見つからないですよ。全部ばらばらですよ。

鹿島　日本的特徴ですね。

井上　日本的特徴です。パリの、あのオペラ座の前で展開されている整然とした街並みは、どこを探してもないわけですよ。

鹿島　ただね、パリもオスマンが壊す前は、似たようなものでしたよ。

井上　でも、同じような形の建物が、ごちゃごちゃしながらも並んでるじゃないですか。

鹿島　パリは、オスマンが完全に計画的に作った都市です。世界で初めて**セットバック方式**[※31]を採用して、道路の幅に準じて建物の高さを全部統一した。それどころか、窓の高さも全部統一したんです。あのときに。

では、それ以前のパリの街並みはどうだったか。6区のサン＝ジェルマン＝デ＝プレ（地区）のブールヴァール・サン＝ジェルマン（サン＝ジェルマン大通り）からセーヌに至るあたり、例えば、僕が大好きなビュッシー通りのあたりとか。一番古いパリの街並みが残っているところです。確かに街並みはそれなりにそろってはいるけれども、建物自体はかなりばらばら感ありますよ。

井上　フィレンツェやヴェネツィアにも、オスマンのような人はいませんでした。あそこらへんの街は、オスマン以前のパリに近い状態を、今も保っていると思うんですが。それでも、今の京都と見比べれば、明らかに景観は整っているわけですよ。

鹿島　なるほどね。京都の少し前は、どうだったんですか。

井上　江戸時代は整ってました。幕府が統制していましたからね。幕府の統制から離れて、日本の建築は、「表現の自由」を獲得したんですよ。ヨーロッパの都市部では、いまだにあり得ない「自由」を。

鹿島　そうですね。それで、ばらばらに。

井上　ばらばらになったんですよ。ヨーロッパの建築家を大阪の道頓堀に連れて行ったら、みんな感動しますよ。

鹿島　なんという自由！　と。

井上　へ〜こんなことやっていいのか、というふうに（笑）。

鹿島　東京自体がそうだしね。

井上　ヨーロッパの建築家やデザイナーが日本で仕事をすると、何やってもいいと思うようなんですよ。隅田川沿いのアサヒビール本社ビルの隣に、金色の変な形のオブジェがあるけど、あれを作ったのはフランス人ですよ。フィリップ・スタルクという。

鹿島　隅田川といえば、ひところ、**北原白秋とか木下杢《もく》太郎の「パンの会」**[※32]で、隅田川をセーヌ川に見立てていましたよね。でも僕は、隅田川がセーヌ川というのは、やはり何か違うなと。セーヌは横（東西）に流れているけれど、隅田川は縦（南北）に流れている。

井上　あえていえば、大阪の中之島に、シテ島の景観は近いと思いますが。堂島側が右岸で、土佐堀側は左岸になぞらえられる。

鹿島　確かに、中之島とシテ島というのは、まあ似てるといえば似ていますよね。

井上　今の置かれた状態も含めてね。

鹿島　中之島だけに、古い建物が残ってますね。

井上　でも、誰も大阪とパリを、そういう文脈で論じないわけです。京都とパリの街並みなんか、似てないわけですよ。むしろ、こういう比喩を持ち出すのなら、大阪のことこそ語ってほしい。

鹿島　小出楢重は、確かそういう感じで、大阪もパリも描いていた気がしますね。

井上　京都の株が上がってるおかげで、大阪は不当に貶められていると、私は考えます。大阪が、かわいそうで。日本のビジネス街で、一番景観が整ってるのは、間違いなく大阪の御堂筋なんですよ。

鹿島　ああ、そうかもね。

井上　でも、誰もこの文脈で大阪の御堂筋を語らないんですよ。大阪を語るときは、グリコの看板がある道頓堀の戎橋《えびすばし》とか、フグとかタコとか、ああいうのが語られてね。

ほんまにかわいそうな。

京都・百万遍のカルチェ・ラタン

鹿島　御堂筋といえば、全共闘全盛の大阪では、関西ブント（共産主義者同盟の関西派）が御堂筋占拠を打ち出しましたよね。パリで**五月革命**※33が起きたとき、カルチェ・ラタンのブールヴァール・サン＝ミシェル（サン＝ミシェル大通り）を学生が占拠したのに倣って。それが、京都では百万遍でしょう。京大のそばの。

井上　そうですね。百万遍はカルチェ・ラタンだと言うてました。恥ずかしいなあ。こんなパチンコ屋やら何やらあるとこの、どこがカルチェ・ラタンなんやと、私は思いましたが、彼らはそう言うてましたね。

――百万遍交差点の近くなど、京大のキャンパス周辺には、学生が作った立て看板がありましたよね。京都市の景観条例に違反しているからという理由で、今年に入って京大が何度も撤去していますが、井上先生はこの件に関してどうお考えでしょうか。

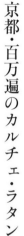

井上　東京のメディアで働いているという元京大生に、立て看板の支持者は多そうですね。一種のノスタルジーでしょうか。

でも、このごろの立て看板は、1960年代から1970年代のそれより、質が落ちています。ずいぶん、デザインが下手になっている。かつての、例えば中核派（新左翼の二大党派の一派）あたりが書いていたものは見事でした。ゲバルト文字（新左翼がよく使っていた書体）のレタリングが、輝いていましたね。いずれ、プロレタリア美術に並ぶゲバルト美術として評価される時代が、くると思います。それに比べて、今の立て看板は、ずっと見劣りがする。ゲバ文字のカリグラフィーや画面構成の技《わざ》は、伝承されへんかったんやなと、あのあたりを通るたびに感じてきました。

今の学生は、いろんな呼びかけごとをSNS（TwitterやFacebookなど）でやりますよね。それで、手書きの能力自体が、衰えているんじゃあないでしょうか。どうしても立て看板を表へ出したいというのなら、造形能力を磨いてほしいもんです。SNSなんかの告知では伝えられない、あるいは、手書きで訴えなければならない何かがある。そういうものなら、街頭へ出す値打ちもあるでしょう。だけど、このごろの、昔は良かったなという感想しか抱けない看板なら、私は見たくありません。おじいさんの繰り言ですが。

鹿島 私の学生時代はまさに立て看板の黄金時代で、中核、革マル（中核派と分裂してできた新左翼の一派）、社青同解放派、社学同ML派、フロント、それに民青と、それぞれの党派が独特のデザインの立て看板をキャンパスに並べて、それこそ、妍《けん》を競っていましたが、党派によって字体も違えば、使う墨汁の色も違う。特に、赤の色に個性が表れていましたね。民青はワイン・レッド、反日共系は朱色と、これはどこの大学でも決まっていたようです。

立て看は駒場寮の社研とか歴研といった党派の部室で書かれるんですが、何度か現場に立ち会ったことがあるから、その過程をよく知っています。まず、アジビラ（政治的扇動のための文言が書かれた書面）のテクストを書く学生が一風呂浴びた後、テクストを仕上げると、それをガリ切りの専門家に渡す。ガリ版というのは誰でも切れるわけではなく、活字のような文字を書ける人でなくてはダメなんですね。弱小党派はスタッフが少ないから、一人でこれを兼ねている場合もありました。ガリ版印刷は、夜のこともあれば朝一番のこともある。では、立て看はというと、これはたいてい朝一番で書く。いや、描くといったほうがいい。立て看はどの党派も専門家がいて、ガリ版とほぼ同じ文面を看板に描いていくんですが、もう完全に職人仕事。見出しのどこを強調して赤文字にするか、見出しはどれくらいのポイント（文字の大きさの単位）にするか、即座に判断して、全く迷うことがない。それはそれは見事なものでした。

我々は後ろに立ってほれぼれと見つめていましたが、この人はこれだけで食べていけるんじゃないかって、よく話し合ったものです。職人仕事と同じで師匠が弟子にコツを伝授するのですが、伝統が途切れてしまうと、確かに匠の技は伝わらないかもしれませんね。

井上 返す刀ですが、私はあれを弾圧した京大当局にも、違和感を抱いています。京大のキャンパス自体に、街並みとしての統一感はありません。同志社や関学（関西学院）のキャンパスは、建築群が整然と並んでいます。あのようなキリスト教主義の学校、ミッション・スクールには、ヨーロッパ的な景観美へのこだわりがあったんでしょうね。京大には、それがありません。てんでんばらばらな建築が、景観を混乱させています。そんな京大の当局に、美観うんぬんを言いつのる権利は、ないんやないかな。まあ、工学部の一画は、結構整っているんですけどね。

まあ、京都市だって、そうです。歴史都市を自称していますが、都市景観自体は雑然としています。雑多なビルの並ぶ現代都市でしかありません。そんな京都市には、とやかく言われたくないもんやと、私が学生なら思うでしょう。

学園闘争時代の話に戻りますが、ドイツへ留学していた人から聞かされたことをしゃべります。ハイデルベルク大学の学園闘争の**内ゲバ**※34で、ずいぶん校舎が傷んで、近所の住民からクレームが来たそうです。そこで、これにどう対処するかという全学集会が開かれて、どこのセクトがどこを修繕するかということが話し合われた。日本の大学では考えられない。

やっぱり彼らには、それこそ文化的なDNAとして「街を守ろう。街を大事にしよう」という考えがあったらしいです。前衛的であるはずの、学生運動の闘士たちにも。

鹿島　それを聞いて思い出したんだけど。フランスの『ル・モンド』紙で最近、フランス社青同（社会主義青年同盟）とフランス社学同（社会主義学生同盟）のセクハラ事件が取り上げられていたんです。

フランスの社青同や社学同には、全国の左翼系エリート学生が集まってくるんです。社会党の代議士になる登竜門なんですよね。そこの幹部たちが、ハーレム状態を作ろうと、美人女子学生だけを集めて結構セクハラまがいのことをやっていたと、大々的に告発されたんです。たくさんの女性たちを寵愛したルイ14世の伝統は、こういう社青同や社学同にも受け継がれているのかなと。フランスでは長い間、セクハラが話題になることってなかったけど、最近ようやく問題視されるようになってきたのかなと思います。

井上　最近はフランスでも、街での性的な揶揄（ストリート・ハラスメント）が処罰の対象になるという法案を、検討し始めているらしいですね。ただ、具体的にどんな声掛けが性的な揶揄に当たるのかについては、諸説あって、まだまとまらないらしいですけれども。

鹿島　この間、**カトリーヌ・ドヌーヴ**[※35]が「MeToo」運動に対して異議を唱え、「男がナンパする権利を奪うな」という発言をしたでしょう。逆ナンは、どんどん増えていますよ。実際、私はフランスのカフェなどで、そういう現場を非常にたくさん目撃しているんですよ。

井上　それはね、由々しき事態やね。もてない男を、ますますひがませる事態。

鹿島　その通りでしょうね。

井上　このおっさんも、このお兄ちゃんも、女性に声をかけられた経験がある。どうして私はかけられへんのや。ああ、女が声などかけない時代のほうが、ずっとよかった……と。

現代の教育事情

井上 現代の京都の学校ですが、以前は学区ごとに差をつけてはいけないという民主的な配慮があって、特にどこの学区の不動産価格が高くなるということはなかったんです。

だけど、このごろは公立高校、公立小学校でも、お受験の影響というか「賢い子を育てよう」という方針へ、公然と踏み切るようになっています。子どもを持つ親は、それに成功した学区を選んで住むようになっています。おのずとそこの不動産価格は、上がっていますね。価格を上げてるのは、観光だけではないんですよ。学校事情もあると思います。でも、お受験が盛んなのは、首都東京のほうですよね。

鹿島 東京のね、私が住んでいる近くに、W幼稚園というのがあってね。お受験の名門幼稚園なんです。朝昼二回、超高級外車が、子どもの送り迎えのためにわらわらと集まってくる。

井上 車で送り迎えするだけなら、近所の不動産価格が上がったりはしませんよね。

鹿島 そうだと思うんだけど、さらに詳しい事情通の話では、車で送り迎えする親は実は格下で、徒歩で送り迎えできる距離に住んでいる人のほうが威張っているそうです。だから、あるいは不動産価格にも影響があるかも。それはさておき、その幼稚園の送り迎え風景を見ていると、東京って、金持ちがこんなにいるんだなあと驚き呆れますね。その幼稚園は特別に、巨大な駐車場を造ったんですよ。

井上 京都の南のほうに、八幡というところがあります。乗馬クラブがあるんです。乗馬クラブの駐車場に、高級外車が並んでるんですよ。乗馬のために高級外車が並ぶってね、何か現代のパラドックスやなと思うんですけど。馬を捨てて自動車に乗り替えるのが、文明史の歩みでしたから。京都の幼稚園では、今おっしゃったその現象を見かけることはないですね。パリはどうなんですか。パリの教育事情。

鹿島 フランスではこれまで長い間、教育の平等主義を貫いてきて、私学は認めないというスタンスだったんです。けれども今は、公立校同士でも、地域格差が相当あるようです。パリ各区における、住民格差が反映する。アメリカのような露骨さはないけれど、避けがたい問題ですね。

しかし、フランスは、平等主義であると同時にエリート主義の国です。高校も、平等主義と超エリート主義の二路線併用主義で行ってます。地域の名門校には、**グランド・ゼコール（グラン・ゼコール）**[※36]受験者特進クラスみたいなのがあるんです。カーニュと呼ばれるんですけれど、パリでも、全部の学校にカーニュがあるわけじゃない。名門校だけです。そのカーニュのある名門校に通いやすい地域かどうかで、やはり差はありますね。

井上　パリのご両親は、高級外車で子どもを送り迎えするということはないんですか。フランス人にとって、高級外車ってなんなんやって思いますけど。

鹿島　高級外車で送迎というのは、ほとんどないですね。金持ちエリアでも。なぜなら、パリの金持ちは、自分で子どもを送り迎えせずに、使用人を使うから。

パリジャンは日本車、ドイツ車、国産の車をどう思っているか

井上　そもそも、外車をありがたがるふうはありますか。

鹿島　フランス人は結構、日本車好きですよ。高級外車として。ドイツ車が嫌いな人は、日本車が好きです。

井上　じゃあ、ベンツとかＢＭＷへの信仰はないわけですか。

鹿島　あることはあるけれども。例えば、日本車のレクサスとかは、ベンツと同じレベルかな。ベンツは別に珍しくない。ＥＵ圏内だから。

井上　シトロエンとかプジョーは、どんなふうに思われてるんですか。

鹿島　今では完全に大衆車ですね。今度、プジョーは超高級車出したけど。長らく、大衆車クラスに甘んじていた。

井上　じゃあやっぱり、フランス人も、国産はあまり値打ちがないっていうふうに思っているわけですね。

鹿島　思ってますね。30年前に僕がパリにいたころも、フランス人は自分がホンダに

乗っているのをすごく自慢してましたからね。アコードに乗っているということが自慢だったから。そのころのフランス車は、すぐ故障するので嫌われていたんです。

——ホンダは、今でも同じ位置付けなんですか。

鹿島 はい。ホンダは、向こうでは高級車です。マツダも、かなり高級車です。特にドイツでは、マツダは昔から強い。フランスでは、やはりレクサス。それから日産。日本ではほとんど見ない日産の高級車が、パリでは結構威張ってますよ。

井上 そういうの、あるんやろね。逆向きの話ですが、ドイツでは、ベンツのトラックとか、ＢＭＷのバスとかを、よく見かけましたね。

鹿島 総合自動車メーカーですからね。

——車と地区の関係はどうですか。例えば東京なら品川、世田谷ナンバーがいいとか、関東では湘南ナンバーが人気だとかありますが。

鹿島 パリか、それ以外かというのはナンバーの表示にありますけど、あまり気にしたことはないな。

井上 関西では、大阪ナンバーの車の数が多くなって、それだけでは処理しきれなくなったので、なにわナンバーがこしらえられたんです。大阪の方で「なにわナンバーは、ちょっと勘弁してほしいな」とか言う人はいますけど。
京都はまだ京都ナンバーだけで、十分数が足りている。だから、車のナンバーから洛中と洛外の区別はつかないですね（笑）。洛中／洛外のナンバー・プレートが出現したとき、京都ではどんな反響が起こるのかな。想像すると、怖いですね。

パリをテーマにした詩や歌

鹿島　『ミラボー橋』（Sous le pont Mirabeau）って、**アポリネール**※37が自分を振って逃げてしまった**マリー・ローランサン**※38のことを追想して書いたもので、結構ロマンチックでいい詩だと認識されていますよね。
ところが、アポリネールの書簡集を読んでみると、アポリネールというのがいかにひどい男だったかというのがよく分かるんです。SMが大好きで。ローランサンはそれが嫌で、逃げてしまったのかもしれない。

井上　なるほど。まあでもパリのシャンソンって、「パリ、パリ、パリ」って歌うのが多いですよね。『わたしはパリ生まれ』『変わらぬパリ』『マドモワゼル・ド・パリ』『パリ野郎』とか。東京で「東京、東京」って繰り返す歌、まあなくはないけれども、珍しいんじゃないでしょうか。むしろ歌詞の中に「東京」が出てくるのは、お上りさんの歌みたいな。東京ではないところの人が、東京に来たり、憧れたりする歌ですよね。ああ、言い忘れた。『モン・パリ』もあったんや。

鹿島　その点はパリも同じで、シャンソンに「パリ」という歌詞が登場し始めたのは、パリ以外の人間が、パリにかなり入ってきた段階でしょうね。

井上　じゃ、**ガーシュウィン**[※39]なんかがパリに行ってたころ。

鹿島　シャンソンに直接パリが登場し始めるのは、その前の段階です。例えば、**アリスティード・ブリュアン**[※40]。**ロートレック**[※41]の有名な絵で、黒い帽子をかぶって赤いマフラーをした男の絵があるでしょう。そのブリュアンが、一応シャンソン歌手の元祖なんですよ。彼が作ったシャンソンを見ると、パリ内のご当地ソングですよ。『ア・モンマルトル』とか『ア・メニルモンタン』とか。

歌詞に「パリ」が出てくるようになったのは、キャバレーなどが、お上りさんを迎えるようになってから。ミスタンゲットが歌った『サ・セ・パリ』（そうよ、これがパリよ）が、最初かなという気がしますね。

京都とパリが人気の観光都市になった背景

井上　京都観光のガイドブックが充実してくるのは、江戸時代の中ごろからなんですよ。そのころから、京都の経済力は落ちていて、京都の商人たちは、本店機能を大阪に移し始めるんですね。つまり、大阪の財力にとても太刀打ちできないと、うすうす自覚し始めたころからなんですよ。京都をエキゾチックに描きだしたのは。

鹿島　青江三奈の『伊勢佐木町ブルース』みたいなものだ。伊勢佐木町は、僕の生まれた横浜の繁華街の一つですが、『伊勢佐木町ブルース』は劣勢を挽回するために作られたご当地ソングなんです。そのころにはもう、横浜駅周辺に客を奪われて衰退していたんです。だいたい、客の呼び込みって、こうして始まっているみたいですね。

井上　はい。京都では、それまでの街案内を見ると、ほとんど街中《なか》のことしか書いてないんだけれども、次第に、嵐山の美しさとか、東山の風景とか、洛外についても書くようになる。今の観光ガイドに近くなるんですよ。要するに、街の力が衰えたころから、観光に目覚めたんですね。

京都で1600年代の末ごろに始まったこの傾向は、現代の日本国にも当てはまるのではないかと。国力で中国に抜かれたころから、「観光立国」というふうに言い出して。没落の自覚が観光を促す。この点は、京都が先輩ですよね。

鹿島 それはある意味、パリも同じ。

井上 そうそう。それはいつごろからですか。

鹿島 僕は、昔のパリガイドをずいぶん集めているんですよ。かなりの冊数ね。それが一挙にたくさん出てくるのは、アンシャン・レジームの末期や、ナポレオンの第一帝政の後。パリガイドは、誰が読むために作っているのかというと、アンシャン・レジーム期は、地方のフランス人。それ以後は、フランス語が読めるイギリス人。パリガイドのフランス語版があると、必ず英語版も存在するんですよ。19世紀前半から、産業革命でイギリスが覇権を握ったでしょう。すると、イギリス人相手のパリガイドがやたらに増えるんですよね。

僕はこの間、自分のコレクションでパリ展（練馬区立美術館の企画展示「19世紀パリ時間旅行」展）をやったのだけれども、一番いいパリ景観図があるのは、ロンドンなんです。ロンドンで発行された、パリ景観図が最高のものなんです。パリで一生懸命、パリのものを集めていても意外とない。逆に、ロンドンへ行くと、パリを描いた景観図はいっぱいある。

井上　イギリス人のパリ旅行者相手に、観光客用で。

鹿島　そう。今パリにある有名ホテル、ほとんど全部イギリス系の名前ですよ。「ジョルジュ・サンク」は、**ジョージ5世**[※42]という意味です。

井上　おお、ジョルジュ・サンクってそういう意味やったんか！

鹿島　そういうふうに、パリの有名ホテルには、多くイギリスの王侯貴族の名前が付いている。セザール・リッツ本人が造ったリッツは、例外だけど。

井上　そこから、ラーメン大阪まで（笑）。

鹿島　ええ（笑）。あとね、日本の「ポッキー」は、フランスで「ミカド」っていう名前になってるんですよ。どこのスーパーでも売られている。

井上　そうですね。

鹿島　「ミカド」っていう遊びがあって、『ミカドの肖像』にも出てくるけれども、元はといえば、積み重ねた爪楊枝みたいな棒を1本1本抜いていくゲーム。ポッキーは、その爪楊枝に似ているから「ミカド」という名が付いたらしい。パリの街で見かける、そういう変な日本語って、それぞれの時代を反映している。

井上　はい。確かに。

鹿島　今のパリは中国人観光客で溢れていますが、ブランドショップをのぞくと、セリーヌとかグッチとかルイ・ヴィトンって、みんな若干、中国趣味になっている。

井上　なるほど。

鹿島　中国人自身が、こういう中国趣味を喜ぶのかどうかは知らないけど。

井上　私は昔、京都の百貨店で、イヴ・サンローランがデザインをしたという触れ込みのこたつを見たことがあります。

鹿島　ありました！　セリーヌの、こたつ布団カバーもあった。

井上　こんな恥ずかしいの、誰が買うんやろと思ったけど（笑）。

――まあ、そのブランドと日本企業がライセンス契約を結んで作られた「ライセンス商品」も多かったようですけどね。特にバブル時代には。

鹿島　今は日本の国力が衰えたから、そういうの減ったけど。

井上　我々も、中国人を侮れないと思います。

鹿島　中国人は、観光客文化の王道を進んでいる！

井上　我々がたどった道を、中国人は今たどり始めているんやと思いますね。それも、規模を大きくして。

鹿島　もう一つ、観光立国フランスのえげつなさについて。パリのデパートのトイレって昔から有料だったんです。それが、最近すごく高くなってる。

井上　どれぐらい？

鹿島　トイレ代がね、今まで1ユーロ（2018年8月時点で1ユーロ＝約130円）とか半ユーロだったのが、少しトイレが立派になったという理由で、3ユーロぐらいになっている。かなり高いですよ。要するに、中国人が殺到してるから、こういう人たちからちゃんと金を取ろうということなんでしょうね。

井上　かつてのパリも、英仏の植民地獲得競争における劣勢とか、ナポレオンが試みた大陸封鎖の失敗とか、いろんなことで国力が落ちていった。それで、いわゆる産業立国としては、イギリスに太刀打ちできないらしいと、見極めたんでしょう。もうちょっと経ったら、どうやらドイツにまで抜かれそうやということも。そこで、しようがない、自分の魅力を磨こうと考えた。

鹿島　そういうことなんですね。

井上　今の日本政府がやってる**クールジャパン戦略**[※43]もそれと同じで、当時のフランスはクールフランスを始めたんだと思う。

鹿島　なるほど。インバウンドとか。

井上　京都は先駆的に、江戸中期ぐらいからそれが始まってる。多分一番早いのは、伊勢だと思います。伊勢は応仁の乱以降、収入が途絶えるので、遷宮を一切しなくなるんですよ。１００年ぐらい経って、もう昔の伊勢神宮がどんな形をしているのか分からなくなって。

今のは、その後で新しく造り出したものなんですよ。そのときに、もちろん秀吉や幕府は資金援助をしてくれるんですが、そこへ至る前に、伊勢の神主たちは全国を行脚して、「伊勢はすばらしいところですよ」という宣伝に努めるんですよ。これが、伊勢観光というものを生んだんです。伊勢参りを。だから、ツーリスト業の先駆けなんですよね。でもそういうのって、力が衰えたときに始まるんですよ。

鹿島　その意味では、パリと京都はクール路線の先駆者だ。

井上　確かに、京都もそうですね。応仁の乱以降、もう京都の貴族は収入源がなくなるんです。彼らは何をやるかいうと、全国各地にいる大名のところを、旅芸人のように渡り歩いて、『源氏物語』の講釈とかをするんですよ。『古今和歌集』も、そのアイテムになったかな。田舎の、背伸びをしたい大名が、謝金も払って聞いてくれるんですよ。

今は、旧国立大学の文科系はもう要らんというご時世ですよね。そんな時代に、文科系の研究者はどうやって身過ぎ世過ぎを成り立たせるかという、そのヒントが京都の没落にはひそんでいるんです。

鹿島　観光というのは、元来そういうものなんですね。

井上　そう。何というか、衰えたものが、藁《わら》にもすがるような思いで始めるものだと考えます。

鹿島　なるほど。ご当地ソングが、昔からあるわけだ。

井上　ご当地ソング。はい。だからその意味では、パリと京都に似たところがあったかと思います。

鹿島　文化立国というのは、要するに文化で人をたぶらかして来させるということですからね。

井上　でもまあ、軍事力で威圧するよりは、よほどいいんじゃないかなとも思います。

鹿島　僕がパリに行くたびに思うのは、ヴェルサイユを造ったルイ14世と、パリを大改造したナポレオン3世は、インバウンドの恩人だということ。彼らが造ったもののおかげで、今でも世界中から観光客を呼べるわけですよ。パリやヴェルサイユ自体が、貴重な「文化遺産」ですね。

井上　今や、日本列島は中国人の保養地になりだしているんですよ。

鹿島　既に、かなりなってる。

井上　京都も、そうなっている。『パリのアメリカ人』（ガーシュウィンが作曲した交響詩でミュージカル映画にもなっている）に張り合って、「京都の中国人」も描けそうな時代が到来した。でも、しようがない。これを受け入れる。

鹿島　文化遺産で人を呼べるんだから。

井上　はい。これはフランスもたどった道だと。

鹿島　フランスは今、ニースとかカンヌとか、国際保養地があると威張っているけれど、あれ、もともとイギリス人が作った街ですからね。イギリス人が保養のため、結核療養のために南仏に作った街。だから、ニースのメインストリートは「プロムナード・デ・ザングレ（Promenade des Anglais／イギリス人の散歩道）」というんです。2016年、テロが起こったところなのだけど。

井上　そうなんですか。じゃ、あのあたりでは、**堀辰雄**[※44]みたいな英文学ができていたかもしれない。

鹿島　**モーパッサンの『ベラミ』**[※45]には、そうした結核保養のシーンが出てきます。しかし、結核保養地といえば、むしろスイスのダヴォスで、**トーマス・マンの『魔の山』**[※46]。ニースがあるコート・ダジュールは結核保養地系よりも、博打場として名を馳せるようになります。横にカジノがあるホテル・ネグレスコとかね。

第5章

京都とパリの食事情

パリの食事情

――鹿島先生は、ちょうど先日パリにいらっしゃったんですよね。

鹿島　行ってきたばっかり。パリは初めてという人を案内したので、普段行くことがあまりない名所旧跡巡りを久しぶりにしてきました。そういう観光スポットには、とにかく中国人観光客が多かった。

井上　海外へ出かけると、このごろあちこちで、「ニーハオ」っていうふうに声かけられますよね。

鹿島　その一方で、日本人観光客の存在感がどんどん薄くなっている。日本語もほとんど聞こえなくなってしまった。かつては聞こえていたところでもね。つくづく思うのは、世界で今どの国が上り調子なのかを見るには、パリの観光スポットへ行くに限るということ。中国人に続いてタイ人、ベトナム人も見かける。

井上　パリは、世界中のわがままな人を、百数十年受け入れ続けてきたんですね。観光でも、お客様は王様ですから。しかし、中国の観光客が増えているけど、中華料理屋が日本料理屋に変わってる例、結構多くないですか。日本の地位は、おっしゃるように低下している。でも、日本食の地位は浮上しています。

鹿島　そうですね。あれだけ中国人観光客が多いのに、中華料理店が減っているというのはおかしな現象ですね。多分、中国人観光客が押し寄せる前に、中華料理店が日本食料理店に変わってしまっていたからだと思う。

パリの中華レストランで一番古いのは、中国人留学生が作った、カルチェ・ラタンにあった店ですね。そこは非常に古くて、僕も何度も行ったことあるのだけど、昔の横浜の中華街で食べたような味でした。その後、ベトナム人がたくさんやって来た。ベトナム戦争の後、中国系の人たちが国を追われてボート・ピープルとなり、元「フランス領インドシナ」だったことから、フランスが彼らを受け入れた。パリの中華料理店というと、ほとんどベトナム系になっちゃったんです。

井上　そうなんですか。

鹿島　僕なんか、ベトナム料理を初めて食べたとき、チャンツァイ（パクチー）を口にして、思わず「うわっ、何このにおい」って思ったけど、あれも慣れるとすごくおいしくなる。その後、旧インドシナの、ラオス、カンボジア、ベトナムあたりの人がパリの13区に難民として次々に流れ込んだ。だからその時代は、同じ中華料理店でも、インドシナ地図そのもので、「あ、ここのはラオス料理だ」「これはカンボジア料理だ」とか思ってたね。微妙に違ったから。

井上 やっぱりフランスは、植民地帝国だったということですよね。その名残が今でも続いてるんですよね。でも、その中華料理屋が、なぜこのごろは日本料理屋に？ 妙な寿司屋とかラーメン屋に転業し始めた理由は何ですか。今の王様は、中国なのに。

鹿島 最初は寿司屋じゃなくてね、焼き鳥屋だったんですよ。

井上 あ、醤油の照り焼きだ。

鹿島 そう。1970年代から1980年代にかけて、「YAKITORI」という名前の、日本人経営の焼き鳥チェーン店があって、おいしいので、僕もよく行っていた。そこで働いてた人たちの多くが、難民としてやって来た中国系だった。パリでは労働許可証がない人を雇えないので、日本人の経営者が、難民の中国人たちを従業員として雇った。客はフランス人だったから、見た目では分からない。すると、その中国系の従業員たちが、焼き鳥の作り方をマスターした後に独立して、ピラミッド状の系譜図のように焼き鳥店を至るところに開業した。その結果、ムッシュー＝ル＝プランスっていう通りは「焼き鳥横丁」といわれるぐらい、中国系焼き鳥店が乱立するようになった。全部、「YAKI」という文字を日本の地名と結んで、店名を付けたわけ。例えば「KYOTOYAKI」とか「TOKYOYAKI」とか「NIPPONYAKI」とか。中にはなぜか、「松戸」なんていう店もあってね。なんでそんな名を付けたのか、分からないけど。

井上 日本の地名ならどこでもいい。松戸の人には、失礼な言い方やけど。

鹿島 どこでもいい。とにかく日本の地名と「ヤキ」が入っていれば。その後、寿司ブームが来たでしょう。そしたら、あっという間にこれらの焼き鳥屋さんは皆、寿司屋さんに変わったのね。

井上 ロンドンなんか、1990年代にキッコーマンが結構売られてましたけれども、パリでもそうですか。

鹿島 パリではね、キッコーマンの進出は英米に比べるとかなり遅れたんですよ。僕が84年にフランスにいたとき、パリでは「京子」という日本食料品店に行けば買えたのですが、普通のスーパーにキッコーマンはまだ置いてなかった。モンペリエに3カ月ぐらいいたときには、お醤油を探すのがすごく大変だった。モンペリエには鮮魚をさばける日本人の友人がいて、サシミは食い放題だったけれど、醤油がないから、塩をかけていた。自然食材の店に一瓶だけあって、それを発見したときのありがたさ！

井上 やっぱりね。ちょっと抽象的な言い方やけど、フランス人のほうが自分たちの料理にプライドを持っていた。イギリス人にはそれがなかったので、先にイギリスから醤油が入ったんじゃないかなと。

ちょっとおいしそうなものがあれば、外国のものにもすぐ飛びついた。反対に、フランスの調理人は、「いやいや、しばし待て」とためらったんじゃないかな。

鹿島 そうかもしれませんね。イギリス料理の悪口を言うようだけれども、イギリス料理というのは、ステーキしかないわけでしょう。ステーキに醤油で、ベストマッチするわけでしょう。

井上 そうですね。

鹿島 反対に、パリはソース文化だから、醤油に対する拒否反応というのはずっと強かった。

井上 それでも、誰に聞いた話か忘れましたが、江戸時代には、長崎からオランダ人が醤油の樽をヨーロッパに運んでいた。だから、ヨーロッパの宮廷料理には日本の醤油が入っている。ヴェルサイユでも、ルイ14世は醤油を味わっていたはずだという。ほんまですか。

鹿島 長崎経由の醤油というのも、なかったわけではないと思いますが。

井上 オランダ人が、樽で醤油を運んでたこと自体は、確からしいんですけれども。ヨーロッパまで届いてたかどうか。

鹿島 思い出しました。西園寺公望《きんもち》（現在の明治大学と立命館大学の創設に参画した政治家）の自伝には、「明治4年にパリに着いたとき、オペラ座近くの食料品店に醤油が置いてあり、これは長崎経由で入ってきたものだろう」と推測している箇所があったはずです。ヨーロッパまで、醤油が届いていたことは確かですね。

井上 イタリアなんかは、外国の食べ物に今でもなかなかなびかないですよね。だいたいイタリアには、フランス料理屋でさえ、ほとんどないじゃないですか。

鹿島 ない。カ・フォスカリ大学で講義するために、ヴェネツィアに3週間ぐらいいたことがありますけれど、フランス料理店探すの大変でした。

井上 イタリアでエキゾチックな料理やったら、例えばトスカーナ州にとって、他州にあるミラノ（ロンバルディア州）とか、ナポリ（カンパニア州）とかね。

鹿島　そういえばイタリアって、外国料理があまりないんですね。日本料理すら少ない。

井上　日本料理は若干入ってます。

鹿島　若干ね。

井上　中華もやや入ってるんですけど、それは多分かなりのところ、日本人需要、中国人需要じゃないかと思うんです。地元の人は、やっぱりイタリア料理以外は食わないという。

鹿島　それは、あるかもしれないですね。

井上　フランス人のほうが、外国に対して開いてる。やっぱり、植民地帝国やったから。あ、でも、日本は大した植民地帝国じゃなかったんだけど、何でも来いになっている。

鹿島　植民地帝国が、エスニック料理を受け入れる下地になったということですが、考えてみれば、そもそも基本的にパリ料理って存在しないんですよ。あらゆる地方料理や外国料理の統合なんですよね。歴史をたどると、中世までフランス料理というのは、ただ豚の丸焼きがあっただけでした。16世紀に、イタリアからカトリーヌ・ド・

メディシスが**アンリ2世**[※1]に輿入れする。

井上　そう。メディチ家から、アンリ2世のところにね。

鹿島　はい。そのときカトリーヌは、パリというのは北の外れのど田舎だと恐れたらしく、メディチ家の料理人を一緒に連れてきたんですね。これがきっかけで、イタリア料理がフランスに入り込み、それが洗練されて、フランス料理になった。

井上　イタリアから一流のコックを引き抜いてきたり。

鹿島　料理史家は、「イタリアからやって来た料理人がルイ14世に暇乞いをして、許可をもらって、イタリアに帰った時点」が、フランス料理の成立としているんです。だから、17世紀の後半までは、フランス料理というのはなかったというのが正しい。イタリア料理の亜流だったと考えてよい。

パリのビストロ料理という言葉がありますけれど、それはフランス各地の地方料理を集めて作った「全部料理」なんですね。例えば、ビストロの定番料理にブフ・ブルギニョン（牛肉の赤ワイン煮込み）というのがあるけれど、これはブルギニョン（ブルゴーニュ風）という地名からも推測できるように、ブルゴーニュの赤ワインで固い牛肉を煮込む料理。アソルティマン・ド・シャルキュトリー（ハムの盛り合わせ）は、フランス中央山塊（マッシフ・サントラル）のほうの料理だし。京都の料理で、地方から集めて作った料理というのはありますか。

京都の食事情

井上　京都の場合、まあ魚は、大阪経由で海の魚とかは入れていたので。鯖《さば》は若狭湾からかな。行商人が伊勢から運ぶこともあった。

鹿島　ああ、そうか。

井上　自前の魚は、川魚しかあらへん。

鹿島　そういえば、地理的に魚はないわけですよね。

井上　川魚しかなかったと思います。

鹿島　鯖街道というのがありますね。

井上　あれも福井のほうから運んでいるわけですし。道の名前自体に「鯖」って付けるのはね、どんなもんだろうと思うんだけど。鯖だけで、あの道を語り尽くせるわけじゃあないとも思うんですが。

鹿島　京都の安い料理屋に入ると、にしんそばがあるでしょう。なんで京都に、にしんがあるんだって思うけど。あれも、北海道から北前船《きたまえぶね》で若狭湾に、にしんを運んでくる廻船の歴史がある。

井上　どうして、にしんをそばの具にしたのかは知らないんですけども。

鹿島　そういえば、魚ということに限ってみれば、確かに京都もいろいろ地方のものを。

井上　あとまあ、お坊さんが多かったので、やっぱり肉料理には抵抗があったと思いますね。そのおかげで、肉まがい料理は発展したと思います。もどき。

鹿島　がんもどきとか。

井上　はい。だからあの、肉でもないのに肉風にしてしまう技、野菜で加工するフェイクのテクニックなどが、京料理を支えたんじゃあないでしょうか。あの精進料理は多分、坊さんが多いからという理由だけで、できたんじゃあないと思います。

お寺って事実上、大名たちの宿舎になっていたので、例えば、信長様に「ごめんなさい。うちでは肉が出せません」と。その代わり、「この味、雁《がん》そっくりでしょう」っていうような、調理人の腕前を見せるような機会になってた。
ハンディキャップをね、うまく使ったんだと思います。それとやっぱり、おいしい素材は大阪のほうが多かったので、もう江戸時代の中ごろから、料理の本場はむしろ大阪になっていたと思います。イタリア人が今でも「フランス料理なんてのは、田舎者の料理だ」と言っているように、大阪人も……

鹿島　言ってますものね。なるほど。

井上　そう思ってるのと同じように、食い倒れは大阪で、京都は食い倒れじゃなかったと思うんですよ。ところがね、和食が、ユネスコの何遺産だっけ。

鹿島　無形文化遺産。

井上　忘れましたけど、なんとか遺産になりましたよね。京料理は和食の原点といわれるせいか、このごろ京都の調理人がちょっと調子こくようになってきてね。僕が子どものころだと、調理人は……私はそんなのを味わえる身分ではなかったですけど……街の噂で、「あの人は若いころに大阪で修業しはったから、腕は確かや」と。大阪印がまあ、技術を保証していたわけです。でも、最近は京都のほうが偉そうにしていますね。

本来の食い倒れだった大阪は、売り物がたこ焼きとかね。いわゆる粉もんに特化し始めている。気の毒やなと思いますね。今でも評判の高い大阪の料亭はあるので、憤ってらっしゃるんやないかな。このごろ、京都が偉そうにしてるっていうふうに。

鹿島　「吉兆」（日本料理の高級料亭）は大阪、京都、東京ってあるけど、どこが一番威張ってるんですか。

井上　一応、京都の嵐山にあるのが本家ですね。ああ、ごめんなさい。洛中の京都人は、嵐山のことを京都やと思ってないんや。

鹿島　大阪はちょっとねえ。味噌を付けた。

井上　船場吉兆と、それからささやく女将がね。

鹿島　私が親しくしているおじいさん、もう80代後半だと思うけど、セックスカウンセラーの大権威がいるんですよ。女性の快楽を追求してきた。

井上　また、そっちのほうに。

鹿島　追求して何十年。遂に極めたっていう有名な人がいて。その人が、京都出身なんですよ。カサノヴァと同じで、食べ物に対しても、あくなき欲があって。「京都は何だか嫌だ」と言って、京都を出て岡山の古い家に婿入りしたんです。「なんでですか」と聞いたら、「京都と岡山を比べたら、岡山のほうが食い物は断トツにうまい」からだそうです。

井上　女の人もですか（笑）。

鹿島　そこは知らないんだけど。とにかくそう言っていて、「え、京都ってあまりおいしくないんですか」と聞いたら、「岡山に比べたら全然」と言っていました。確かにね、岡山って食べ物はうまいみたいですね。小学校の教科書でも習うけど、岡山は果物でも何でも、ランクはかなり上のほうにあるでしょう。素材的には、とてもいいみたい。

井上　だから、京都に何か値打ちがあるとしたら、恵まれていない素材を加工するということで、技が鍛えられたこと。あと、もう一つ。冷蔵庫が技術的に発展してからは、大阪や岡山と対等に渡り合えるようになって、この段階で、以前に培った技がより生きてくるようになったということですね。

鹿島　冷蔵庫って？

井上　なまものを冷凍して運ぶ、つまり、素材を新鮮なまま届けることができる。干物にしてからじゃないと届けられなかった時代には、どうしても新鮮さという点で大阪に、あるいは岡山に太刀打ちできなかったんですけど。

それと、阪神間が工業地帯になった時期、海がすごく汚れて、あのあたりではもう魚が取れなくなったことも、京都と大阪の格差をより縮めたような気がします。大阪に、船で遠くのものは入ってくるんですけども、自前の新鮮さという優位な立場を失った。

鹿島 京都の食に関しては、こんなこともあるのではないかと思うんですよ。つまり、幕末になって、それぞれの有力藩の人間が京都に集まってきますね。渋沢栄一などは、一橋家の実務派の官僚として、いろいろな藩との折衝をする外交官みたいなことをやっていた。それで、例えば「薩摩屋敷に行くと、西郷隆盛が『薬食い』と称して、豚鍋をいっぱい食わせてくれた。初めて豚肉を食べた」とか、そういうことを渋沢が書いてる。

そういう形で、結構いろいろな藩の、新しい食べ物が、その時代に一気に京都に集まったんじゃないかなという気がしますね。だから、そこで京都の食が結構変わったんじゃないかと。

井上 なるほど。それは考えたことがなかったな。

鹿島　あの十数年、にわかに京都が日本における政治の中心になって、藩外交、接待外交というものがあった。それが、京都の食に影響を与えたのではないかと、僕は想像してます。

日本人から見たフランスの魚介類

井上　魚の話に戻りますけど、パリの人には魚を食べる習慣が、まあ日本人ほどじゃないけど、そこそこありますよね。

鹿島　フランスで、魚料理ってのは伝統古いですよ。

井上　地中海のほうなんか、相当豊富な漁場やし。

鹿島　パリは内陸の都だけれども、食べ物は基本的に、至るところから全部川舟で運んで来たんですね。かつては河川交通が、物流の主流だった。そうすると、意外なところからも運べるんですよ。パリ盆地は地形的に真っ平らだから、船で川をさかのぼることさえできるんです。だから、ヴァイキングはセーヌ川をさかのぼって、シテ島に攻め込んだ。それくらいだから、ありとあらゆるものが入ってくる。ただし魚は、ノルマンディーやブルターニュの海岸から、馬車で運ばれていたんです。一晩かけて。前日の夕方に取った魚が、翌朝パリの市場に着くように。

井上 まるで、京都の鯖街道ですね。

鹿島 鯖街道ですよ。本当にそうです。

井上 それは乾き物にしたりはしなかったんですか。

鹿島 全然。そのまま。

井上 生魚で。

鹿島 生魚ですよ。ただし、生魚といっても、日本の鮮魚のレベルではありません。私たち日本人がパリの魚屋に行くと、「わ、臭い」と感じる。日本人なら、誰でもそう感じるんだけれども。日本の魚屋のように、流水を使って新鮮さを保つという感じではないんです。

なぜかというと、フランス人にとっての魚料理って全部、煮魚、蒸し魚なんですね。魚は煮たり、蒸したりして、ソースをかけて食べるのが、基本的な食べ方。日本の食べ方と、かなり違う。

井上　生はともかく、焼くほう、例えばぶりの照り焼きみたいなのは、考えられへんかったんですか。

鹿島　最近は、日本料理の影響で魚を焼くという調理法が出てきましたが、それでも一般民衆が魚を焼くということは少ない。面白いのは、パリに長期滞在していたとき、うちの奥さんが干物を作ったのね。太陽の日差しで干物を作って焼いたら、そのにおいがアパート中に漏れて猛烈な抗議を受けちゃってね。パリの人たちって、魚を焼いたにおいに関しては非常に敏感で、嫌がる。その代わり、生魚の臭さ、腐ったようなにおいに関しては、非常に鈍感なんですよ。

井上　じゃあ、日本人がパリの魚屋で感じる「わ、臭い」は、少し腐ってるっていうことですか。

鹿島　腐ってるの。彼らには、それぐらいがいいんでしょうね。

井上　ムール貝とか牡蠣とかは、腐りだしたら危ないんじゃないですかね。

鹿島　確かに危ない。必ず大変なことになりますよ。特に牡蠣はね。日本人の留学生仲間の少なからぬ人が、牡蠣にあたって、肝炎になって帰ってきました。

井上　日本の読者が喜びそうな話を耳にしたので、お尋ねしたいんですが、牡蠣にジャポネーゼっていう種類があると聞きました。フランスの牡蠣が絶滅の危機に瀕したとき、日本の東北地方から牡蠣を持ち込んで養殖したので、ジャポネーゼっていう名前が付いているという話です。ほんまですか。

鹿島 そうですね。タンカーの流出事故で、ブルターニュとかノルマンディーの牡蠣がほとんど全滅したことがあるんです。だから、日本の牡蠣を運んで行ったんですね。しかし僕も、パリでフリュイ・ド・メールを食べるのは、ちょっと勇気要りますね。フリュイ・ド・メールというのは直訳すると「海の果物」で、牡蠣とかいろいろ海の幸が、氷の山に盛られているというメニュー。井上さんも、向こうで食べたと思いますけど。

井上 そうですね。だけど彼ら、貝類を大量に食べますね。

鹿島 ダースで食べますからね。

井上 いや、勇気あるなと思う。日本でも、牡蠣にあたる人って結構いるじゃないですか。

鹿島 いますね。

井上 フランス人はそういうのに、免疫ができてるんでしょうか。

鹿島　どうなんでしょうか。そういえば、僕の知る限り、あたったのは日本人ばっかり。

井上　日本人ばっかり？　そうか……。我々は、魚介類でタンパクを取る民族だと一般的にいわれてますけど、フランス人のほうが抵抗力はありそうですね。

鹿島　独特のウイルスに関しては、免疫があるんでしょうね。

京都の地酒、パリのワイン

井上　アルコールに関しても、あちらの人のほうが強いですよね。

鹿島　アルコールは強い。強いけれど、その分アル中になる人も多いんですね。ただ、フランスの場合、ワインが中心だから、アル中にはなりにくいとも聞きました。スピリッツ系（ジンやテキーラなどの蒸留酒）中心の英米人のアル中ほどは、ひどくないらしい。

井上　そういえば、モスクワなどもすごいですね。アル中で亡くなる人が多いらしい。

鹿島　男の寿命が、すごく短くなっているでしょう。

井上　だから、70歳を超えた人間は、ほとんど女性ばかりやと聞きます。男性は少ない。

鹿島　日本人と違って、飲む量が違う。ロシアに行ったことはないんですが、アメリカでもそれを感じた。ニューヨークのマンハッタンに行ったとき、せっかくだからと、カクテルの「マンハッタン」を頼んだんですよ。そうしたら、グラスがでかくてね。日本の3倍くらいある。それを飲み干すだけで、完全に酔っ払ってしまった。それぐらい量が多い。

井上　私は、ブラジルのリオ・デ・ジャネイロで、日系人の集いに出たことがあります。そこで、酒の飲みくらべという余興を見ました。ビールをラッパ飲みして、飲んだ量を競うんですよ。すると、見た目が日系人っていう人は早く倒れて、例えば日系3世のお婿さんで、ポルトガル系とかドイツ系の人が、最後まで舞台上で頑張っている。これの、どこが日系人の集いなんだろうという感じでした。

鹿島　アルコールに対する強さ、肝臓の強さの違いが出るね。

――京都は日本酒、フランスはワイン。それぞれ長い歴史と文化がありますね。

井上　私はあんまり酒飲みではないのですが、酒といえばやっぱり伏見がおいしいとは言われますね。まずくはないと思いますが、通の人は「やや甘い」というふうに言いますね。「やっぱり、灘のほうがいい」というふうに。

今は、飲み屋に行くと全国の酒がありますからね。京都の酒飲みが、必ずしも京都の地酒にこだわることもなくて。パリの人たちだって、ボルドーとかブルゴーニュとか、ほかの地方のワインを飲むでしょ。

鹿島　パリの地酒ワインというものも、かつて存在していたんですよ。その最後の名残のブドウの木というのが、モンマルトルの丘にあって、まだワインを造っている。リバイバルさせて。かつてパリの人間は、パリ近郊のイル・ド・フランス（パリがある地域圏）のワインを飲んでいたんですよ。それを、モンマルトルのブドウ畑が復活させて、オテル・ド・ヴィル（市役所）に行くとそれが飲める。しかし、飲んでみたらすごくまずかった！

井上　それはなんか、ほとんど丹頂鶴を無理やり育ててるようなもんですね。

鹿島　そういう感じ。

井上　まあ、この点については、伏見を京都じゃないという人も、そんなにいないと思いますが……京都にはまだ地酒があるという点で、ある意味、遅れているといえるのかもしれません。

鹿島 「中心地では地酒が消える」という法則に反しているという意味で。

井上 ちゃんと生きているというか。標本保存ではなしに。

鹿島 今は、通な人が「日本酒は辛口がいい」なんて言うでしょう。僕の実家は酒屋なんで、子どものころから酒の評判に関してよく知っているのですが、そのころは「甘い酒こそ上等だ」という認識でしたね。辛い酒というのは、下等の酒という扱いだったんですね。長い間、江戸時代ぐらいから1970年ごろまで、ずっとその価値観だったのです。

辛い酒がうまくて良い酒だという場合、多分その「辛さ」というものの質が違ってきているんだと思います。要するに、昔の日本酒は、醸造技術が未熟だったため辛かったんです。

井上 今喜ばれる辛さというのは質が上がっていて、昔の、とにかく酔えばいいという労働者向きのものとは別なんでしょうね。

鹿島 でしょうね。

井上　ワインも、「甘口のワインより、やや辛口が好み」と言うほうが、通っぽく聞こえる。

鹿島　そうですね。「ブルゴーニュより、ボルドーのフルボディのほうが好き」ってね。ところが、バルザックなんか読んでると、マデイラというポルトガルの高級ワインが出てきて、珍重されてる。これ、甘口なんですよ。だから、フランスでも日本酒と同じことがいえるのだと思いますよ。醸造技術が未熟で、すぐ変質しちゃって辛くなったワインは下等で、上等のワインは甘かった。醸造酒として、共通しているのでしょうね。

井上　まあ、私なんか吟醸と大吟醸も味わい分けられないし、純米とそうでない酒との区別も怪しい。大きな口は、たたけないんですが。やや甘いといわれる伏見こそが、多分本流なんですよね。

鹿島　まあ、そうでしょうね。

京都とフランスのつながり

――京都の職人さんが、パリに結構お店を出してますよね。京都にもおいしいフレンチレストランやビストロがありますし。京料理とフレンチって、フュージョン料理（融合させた料理）もありますし、やはり相性がいいんでしょうか。

井上 あるかもしれませんね。京都の料理職人は、昔なら「大阪で修業した」っていうのが売り物でしたけど、今は「パリで修業した」とか「ミラノで修業した」とか、そういうのも売りにしています。それこそ、「フランス文学を学んだ杉本秀太郎の滋味豊かな京都語り」みたいな。京料理自体がそうなってきたのかな。

鹿島 なるほど。

井上 あとこれ、鹿島さんも何かで書いておられたと思いますけど、京都の街は比較的フランス語の聞こえてくる率が高いと思います。

鹿島 高い。

井上 アンスティチュ・フランセ関西があるからかもしれませんが、人口規模を考えれば、フランス語の比率が高いような気がします。

鹿島 そうですね。京都のフランス度の高さの遠因を探るため、**稲畑《いなばた》産業**[※2]のことをちょっと調べたのですが、創業者の稲畑勝太郎さんがなぜフランスに行ったかというと、長崎総領事として来日したレオン・デュリーとの縁があったからなんですね。デュリーが幕府崩壊後に職探しをしていたら、さまざまな欧米技術を採り入れようとしていた京都府知事の目に止まって。京都府知事の……

井上 内貴甚三郎。

鹿島 はい。その人が作った学校があって、デュリーはそこに雇われた。稲畑さんは、そのデュリーの弟子ですよね。その流れで、フランスに行った。こんなふうに、京都とフランスのつながりができていた。

あと、**リュミエール兄弟**[※3]が発明した映画上映の機械を、稲畑さんが日本に持ち帰って、明治30年に日本で初めて映画を試写しています。リュミエール兄弟の兄オーギュストと稲畑さんは、フランス留学時代の同窓生だった。

井上 日本で劇映画が制作されたのは、それより後ですね。初めて制作したのは、牧野省三（京都「千本座」座主）。

鹿島　牧野一族の開祖です。映画は、京都が最初ですね。
井上　日本語で、つづれ織りのことを「ゴブラン織り」っていうじゃないですか。でも、ヨーロッパでそう呼ばれていたのは、パリのゴブラン工場で作っていたからですよね。
鹿島　今の、13区のゴブラン地区。
井上　あそこだけでしょう。それなのに日本では、全てのつづれ織りを「ゴブラン織り」って呼ぶ。あれも、どうかなと。
鹿島　一般名詞は、タペストリーね。
井上　多分、京都の職人たちがゴブランで修業したせいなのかな。
鹿島　その通り。ゴブランで、日本人がかなり修業した。染色技術もしかり。ルイ14世の財務長官のコルベールが「重商主義」を推し進めるために、ゴブラン工場を作って、フランスのタペストリーや染色技術の質を上げていった。そこに、明治になって京都の繊維と染色関係の人が加わった。稲畑さんも、ゴブランではなくリヨンですが、染色技術の勉強をしている。
井上　ブラジルでは、ラーメンのことをみんな「ミョージョー（明星）」って呼んでるんですよ。日清のラーメンでも、「ニッシンのミョージョー」といわれる。日本で、つづれ織りなら、ゴブラン産じゃなくてもゴブラン織りって呼ばれるのは、それと同じ原理でしょうか。固有名詞が、一般名詞化するという。

祇園祭のタペストリーは、多くがベルギー産なんですが、ゴブラン織りと呼ばれています。まあ、パリのゴブラン織り自体は、ベルギー人のゴブランがパリに来て始めたものだと聞きます。だから、祇園祭のベルギー産タペストリーも、ゴブラン織りでいいと思う人は、いるかもしれません。しかし、祇園祭のタペストリーには、生産地が特定されているものも、結構ある。そして、その中にパリのゴブラン製は見当たりません。

鹿島　昔パリで、面白いことを言われてましてね。まだカラーテレビが非常に珍しかったころ。フランス語を勉強するのに、テレビがあったほうがいいだろうと思って、パリの電気屋にテレビを買いに行ったんです。そうしたら、「お前は、サンヨーにするかソニーにするか」って。「はあ?」って言ったら、「サンヨー」は白黒テレビのことで、「ソニー」がカラーテレビのことだった。それで私は「フィリップス製のソニー」を買ってきました（笑）。

井上　なるほど。フィリップス製のカラーテレビ（笑）。

フランス文化を語るのに欠かせないイタリア文化

井上　京都がいつからパリ好きになったのか、調べたことがないので分かりませんが、京都市役所の役人たちにも「パリのようだ」と言われて喜ぶ向きは少なくありません。なんか不可解なんやけれども。どうしてああなったのか、一度調べてみる値打ちはあるなと思います。パリのほうに、「京都のようだ」と言われて、喜ぶ気配はないと思いますが。

鹿島　まあ、あんまりないですね。パリがコンプレックスを抱いたことのある都市って、ローマだけなんですよ。

井上　そうでしょうね。

鹿島　今はもう、そういうコンプレックスないでしょうけど。ナポレオンの時代までは、パリをローマのように作り替えるのが夢だったから。美術においても、今では「ルーヴルは世界に冠たる美術館」ということになっているけど、当時パリの美術学校で優等賞といえば「ローマ賞」という賞だった。美術の中心だったローマに、優等生が留学させてもらえた。ルイ14世時代にコルベールが創設した賞で。

井上　1960年代にも、ローマ賞ってありましたね。パリで五月革命が起きたころまで、あったんやないかな。

鹿島　ありましたよ。300年続いたんです。もう一つ、ナポレオン3世の時代にパリを都市計画で作り替えるときにイメージソースとしたのは、もちろんローマだったけれど、ロンドンも参考にした。ハイドパークあたりをモデルにして、公園を作り替えたりしています。上下水道などの整備とかもね。

繰り返しになりますが、ナポレオン3世はつくづく偉大だったと思うんですよ。パリを全部作り替えて、世界的な観光都市にしたんですから。パリに今も繁栄をもたらしてくれているナポレオン3世に、フランス人はもっと感謝すべきだと思う。それなのに、パリにお墓を持ってくることさえ拒否してるんだから。現在のフランス共和政は、第二帝政を倒して作られたという経緯があるにしても、あまりに薄情すぎます。

井上　そもそも凱旋門自体が、ローマ皇帝のためにこしらえた凱旋門のパクリですからね。本家は、ローマの、フォロ・ロマーノに今もありますが。

鹿島　ほかにも、エトワール広場とか、レピュブリック広場とか円形広場ってあるでしょう。あれもローマのイメージですね。

井上　それは、西洋世界全部そうじゃないでしょうか。ワシントンなんて、ローマ帝国に憧れてるとしか思えないような作りですから。

また、酒の話に戻りますけど、イタリアに行くと、フランスのワインがあまりないですよね。やっぱりイタリアワインですね。

鹿島　フランスワインはほとんどないですね。チーズのほうはありますけどね。意外とスーパーとかでも売られている。

井上　ああ、チーズか。

鹿島　というのは、チーズメーカーって、フランスで初めて産業化に成功して、大量生産しているんですよ。ご存じかもしれませんが、「プレジダン」（フランス語読み。日本語の公式サイトの表記は「プレジデント」）が、フランスのチーズのトップブランドです。僕がヴェネツィアにいたとき、フランスのバターとかチーズはかなりありました。

井上　なるほど。それは気が付かなかったです。

鹿島　イタリアってもともと、分邦国家（地方分権型の国家）でしょう。だから、全国を統べるレベルの巨大メーカーというのはそんなにないんですよ。

井上　その代わり、各地の料理が、それぞれ外国料理のようになっているんですね。

鹿島　そういうことですね。**中央集権**[※4]じゃないから。だから、トスカーナ（フィレンツェがある州）の人は、ローマ（ラツィオ州）やミラノ（ロンバルディア州）を馬鹿にしたり。お互いにそういうことしてますね。ある意味、京都の人間にも、ちょっとそういう点がありますね。

京都人から見た東京、リヨン人から見たパリ

鹿島　フランスにおけるパリというのは、ほかに比較するものがない。中央集権国家のど真ん中で、全くコンプレックスを抱くような相手がいない。かつては、リヨンのほうが歴史的に重要だった時代もあったけれど。

井上 だから、リヨンがパリに抱いている思いは、ひょっとしたら、京都が東京に抱いている思いに……

鹿島 近いかもしれませんね。リヨン人は、「食に関しては、俺たちが一番。パリなんて、食い物に関しては三流の都市だ」って思っている。これは、すごいものがありますよ。確かにリヨンって、食べ物がうまいんだ。

みんな「パリは、食い物がうまいところだ」と思ってるかもしれませんが、これは、おおいなる錯覚でね。日本人が気軽に入るレベルの店は、たいてい、まずいですよ。フランスの店、特にパリの店は。今の日本人は、ミシュラン一つ星くらいのところに入らないと、うまいと感じないと思います。それでもまだ、日本よりだいぶ劣ると感じる。

井上 そういえば、私もパリで食事をいただいたときに思いました。結局、日本人シェフのいる店のほうが、私の舌に合うなと。これはまあ、私は自分が日本人だから、そう感じてしまうんだと思ったんですけど、それだけでもない。要するに、パリの、庶民向けのレストランだと、期待できないということなんでしょうね。

安くておいしい食べ物なら京都より大阪、フランスよりイタリア

鹿島　ミシュランの星獲得を目指すレストランは別にすると、パリでおいしいレストランを探すのは意外に大変です。フランス料理って、基本的に時間をかける料理なんです。ソースが重要だから。時間をかけないで素材を活かした料理となると、イタリアンに絶対負けるんです。

特に僕の記憶に残っている体験は、ドライブインでの仏伊比較。高速道路をずっと走って、フランスからイタリアに抜けようとしたときです。フランスのドライブインに入ったら、これが最高にまずい。この世でこんなまずい料理があるのかと思うぐらい、まずいんですよ。これは、僕だけの認識ではないです。フランス通は、皆そう言う。

それで、高速道路で国境を抜けてイタリアに入り、再びドライブインに入ると「なんてうまいんだ！」って、大感激する。要するに、金をかけない素材だけだと、フレンチはイタリアンに絶対勝てない。

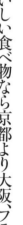

井上　安い食い物に関しては、京都より大阪のほうが絶対おいしいです。なんか、似てますね。値のはる店だと、京都も水準は高そうですけれども。まあ、私はあんまり行きませんが。

鹿島　似た構造ですね。フランスのそこらへんのレストランでは、オムレツを食べるといいですよ。フランスの卵はうまい。

ちなみにこの前パリのレストランで、ガス入りの水をオーダーしようとして、昔のように「(オ・) ガズーズ (eau gazeuse)」と言ったら、「(オ・) ペティヤント (eau pétillante) ?」と聞き直されました。今は「パチパチ弾ける」という意味で、ペティヤントと言うらしいです。こちらのほうが可愛い響きですよね。僕はガス入りの水だと、ヴィシー (Vichy) などが好きですが、最近はほとんど置いてない。

食も風俗も、パリよりリヨンのほうが進んでいた?

井上　リヨンの話で思い出しました。**遠藤周作の『月光のドミナ』**[※5]っていう小説がありますよね。

鹿島　はいはい。SMっぽいやつね。

井上　SM。自分を苛《さいな》んでくれるようなお店を探していた主人公が、結局、パリでは納得できる店を見つけられず、リヨンへ行く。そこで、やっとまあ、そこそこ満足できる店と出会う。風俗面でも、リヨンが進んでいたという設定だった。

鹿島　そっちのほうは、よく知らないのだけれど。確かにね、ローマ帝国崩壊から1000年は、リヨンがパリよりも文化レベルははるかに高かった。ゲルマン人の支配する時代になって、**ガリア**※6の文化を支えていたのは、リヨンなんです。フランク王国が三つに分裂して、東フランク（今のドイツ）、西フランク（今のフランス）、中部フランクになった。リヨンは中部フランクの中心でした。そのことと関係している。

中部フランクというのは、地中海からアルプスを越えて、リヨンに行ってディジョンを通ってフランドルへと抜けるんですね。地中海と英仏海峡を結ぶ、中世ヨーロッパの大動脈です。この中部フランクの中心がリヨンで、そこで開かれる大市《おおいち》（外来商人が自由に交易できた大規模な市場）が中世の文化を支えていたから、食い物もリヨンが中心なんです。

井上　フランク王国が三つに分かれたのは9世紀半ばで、フランス王国ができるのは10世紀末。

鹿島　ええ。リヨンの周辺は食べ物にちょうどいい環境でね。特に、ブルゴーニュのワインとチーズ。ディジョンはすぐ近くだし。中世においては、つまり、ガリアがフランク王国を経てフランスになる以前は、リヨンがガリアの中心だったんですよね。リヨン人には、「そのまま行ってれば、本来ならフランスの中心はリヨンになるはず」という気持ちがある。確かに、京都が東京に対して持つ思いと同じ。ただし、リヨンは気質的には、京都だけでなく、京都と大阪を合わせたような感じですが。

井上　関西人ですか。

鹿島　関西人ですね。というか、基本的に商業都市。一度も王宮が置かれたことがないから。

井上　じゃあ、大阪っぽいのかな。

鹿島　リヨンのコンプレックスは、自分のところにナポレオン時代まで大学がなかったということね。

井上　今はありますよね。

鹿島　リヨン大学は1809年に創立されていますが、学部は文学部、理学部、神学部だけで、法学部、経済学部はなく、商業学校と法律学校しかなかった。それがコンプレックスでね。ちなみに**中江兆民**[※7]は、リヨンの法律学校に無試験だという理由で入学している。

井上　神学校はなかったわけですね。

鹿島　神学部はありましたが、神学校は、リヨン市内にはなかったはず。商業都市ですからね。

フランスのシュヴァリエ文化

井上　日本の「士農工商」のように、商人を見下すことは、ヨーロッパにもあったんですか。

鹿島　現代では、商人を見下すという風潮はないけれども。やはり中世では、シュヴァリエ（騎士）の文化が華やかだったから、商人は格下に見られていた。騎士とはなにかというと、農業に寄生する貴族の直系家族化が進んで、遺産相続から弾かれた次男・三男が、戦争と祈りを同時にやる「騎士修道会」に入って、十字軍に行くところから始まっている。日本でいえば、僧兵ですね。

一方、ブルジョワの語源は「城内の人」ということだから、基本的に都市の発達と結びついています。もともと農村から締め出された余剰人員が、暴力化したのが騎士だから、都市民のブルジョワジーとは相いれない。

井上　ブルジョワジーっていうのが。

鹿島　それを考えると、リヨンはやはり商業都市で、うまいものを好むブルジョワの街。対するに騎士は遠征が主だから、むしろ、まずいもので我慢しなきゃいけない。

井上　それは、日本も同じなのかな。「男の子は、おいしいとかまずいとか、そんなこと口にするものではありません」と親がたしなめる。これは、多分お侍さんの文化なんだけれども、大阪には、それが全然なかった。

鹿島　なるほど。

井上　武士と同じように、騎士たちも食い物の好みをどうこう言うと、「そういうことを言ってはだめです」と言われてたんでしょうか。

鹿島　テンプル騎士団や**聖ヨハネ騎士団**[※8]の会則には、ぜいたくを禁じるという項目がありますから、当然、粗食に甘んじる覚悟が必要でした。フランスの騎士というのは、だいたい二つの地域から来てるんですよ。一つ目は、パリより北のほうにあるアルザス、ロレーヌ、シャンパーニュあたり。

井上　ドイツとの国境あたり。

鹿島　はい。二つ目は、スペイン国境に近い南仏エリアです。この二つの地域では、貴族の直系家族化が進行していたので、騎士の志願者はたくさんいたのです。騎士は十字軍の遠征に行くのが任務だから、食い物にこだわってはいられない。

井上　戦時非常食みたいなのばっかり、食ってたんでしょうね。

鹿島　リヨンにとっては、「あいつら野蛮人だ」っていう意識が強いんでしょうね。

井上　よその街から大阪へお嫁に来た女の人が、よく驚いたんですよ。自分の夫がものすごく食い物に意地汚い。「あれが食いたい、これも食べたい」と、自分の田舎では考えられないようなことを、言いつのる。それで、唖然とさせられるという話を、よく聞かされました。

今はもう、そんなことで、妻は驚かないと思いますけど。やっぱり、大阪以外の街では、「男子たるもの、そんなことでとやかく言うもんではない」というのがあったんじゃないでしょうか。でも、商人には痩せ我慢の精神がない。商人は、おいしいものを愛でる。グルメの先駆けでした。そして、大阪は商人の街だったんです。

鹿島 リヨンだと、**ラブレー**[※9]の時代の中心だから、食う量が違う。ただし、ラブレーはロワール河畔《かはん》のシノン出身で、モンペリエで学んだ人ですけれども。

井上 ラブレーを持ち出されると、分かりますね。ああいう文化の拠点だったのか、と。

鹿島 僕はリヨンに最初行ったときね、パリとはレストランの食事の量が違うので驚いた。パリだと、オードブル、メイン、デザートという3段階でしょう。今は2段階にもなっていますが。ところがリヨンは、5段階なんですよ。オードブルが2皿、メインの料理も選択ではなく、肉と魚、両方が出てくる。だから、すごい量を食べることになる。40年ほど前のことだから、今は、だいぶ違っているのでしょうが。

――京都とパリの、人の気質、官能の世界、街の歴史、食など幅広く話していただきました。もっとお話を伺いたいのですが、今回はこのへんで。最後に、言い残したことや、まとめの言葉をお願いします。

井上　何度も言いますが、私は洛中の京都人から見下されてきました。双ヶ丘よりまだ西にある、洛外の田舎者だと。なのに、京都人はパリを敬い、憧れています。パリのようだと言われれば、嬉しがる人も少なくない。だけど、私は思うんです。パリなんて、私の育ったところより、ずっと西の外れやないか。洛外の果ての果てやないか。京都人に中華思想があるんやったら、パリのことも馬鹿にしてほしいもんや、とね。まあ、それはできひんわけです。ざまあみろ、京都！　お前らの中華思想はその程度のもんや。と言って、終わりたいですね。鹿島さん、長々とお付き合いありがとうございました。

鹿島　こちらこそ、ありがとうございました。パリ、いろいろ変なところもあるけれど、それも含めて好きという意味で、僕にとっては「ファム・ファタール」みたいなもんですね。

――ありがとうございました。この続きは是非、続編で？

（※本書の登場人物について：対談者の発言通り、基本的に敬称略の表記となっております）

第1章の注釈

※1 **宮澤喜一**
東京帝国大学（現在の東京大学）法学部卒。第78代内閣総理大臣。外務大臣、大蔵大臣、副総理、財務大臣などを歴任した。

※2 **一高**
第一高等学校（旧制）。ナンバースクールの一つで、多くの生徒が東京帝国大学へ進学。1949年、新制東京大学の教養学部に統合された。

※3 **ナンバースクール**
かつて日本にあった旧制高等学校（教育内容は現在の大学教養課程に相当）の中で、数字を冠した学校群のこと。旧制一高から旧制八高までの愛称。政官界に多数の人材を送り込んだ。東京府第一中学校（現在の東京都立日比谷高等学校）など、府立の旧制中学校も、こう呼ばれた。

※4 **ボードレール**
シャルル・ボードレール。『悪の華』や『パリの憂鬱』などの詩集を世に出したフランスの詩人、評論家。

※5 **エマニュエル・トッド**
フランスの歴史人口学者、家族人類学者。フランス国立人口統計学研究所（INED）に所属。世界中の家族構成を7つに類型化、分析した『世界の多様性』、世界的なベストセラーになった『帝国以後』など、著書多数。

※6 **フランス革命**
1789年、パリのバスティーユ牢獄の襲撃を皮切りに勃発した市民革命（ブルジョワ革命）。ブルボン朝の絶対王政を倒し、フランスが新しい近代国家体制を築いていくきっかけになった。

※7 **ナントの勅令**
1598年、ブルボン朝初代のフランス王、アンリ4世が、プロテスタントの信仰を条件付きで認めた勅令。これにより、16世紀後半にフランスで起きたカトリックとプロテスタントの宗教戦争（ユグノー戦争）は、一応終結した。

※8 **プルーストの『失われた時を求めて』**

フランスの小説家、マルセル・プルーストが半生をかけて書いた長編小説。隠喩が多く使われていて、登場人物が数百人にも及ぶ、複雑で重厚なテーマの小説。

※9 **ブルジョワジー**

特権階層の第一身分（聖職者）、第二身分（貴族）に対抗する、第三身分として発達した市民階級、中産階級。フランス革命など市民革命の主役となった。現代では主に、資本家階級のこと。

※10 **アンシャン・レジーム（旧制度）**

直訳すると「古い体制」。16世紀からフランス革命が起こるまでの、ブルボン朝の絶対王政下の社会体制。

※11 **フランソワ1世**

ヴァロワ朝第9代（ヴァロワ=アングレーム家第1代）のフランス王。絶対王政の強化に努めたり、レオナルド・ダ・ヴィンチをフランスに迎えてルネサンス期の文化を保護したりした。

※12 **法服貴族**

アンシャン・レジームのフランスで、司法や行政などの官職に就くことで身分を保障された貴族。

※13 **オノレ・ド・バルザック**

フランスを代表する、リアリズム（写実主義）文学の小説家。長編、短編小説をまとめた小説群『人間喜劇』を執筆した。

※14 **王政復古**

ナポレオン第一帝政の後、フランスで復活したブルボン朝のルイ18世、シャルル10世の支配時代。1814年から、七月革命が起こるまで続いた。

※15 **ランティエ**

資産運用で生活する金利生活者。

※16 **ルイ14世**

「太陽王」と呼ばれた、ブルボン朝第3代のフランス王。フランス絶対王政を確立し、宮廷文化を開花させた。侵略戦争と放漫財政によって、財政難を招いた。

※17 **フーケ**
ニコラ・フーケは、ルイ14世の下で財務卿に就任。莫大な財産を手にして、ヴォー・ル・ヴィコント城を築くが、その豪華さを見たルイ14世の反感を買い、投獄され、獄死した。

※18 **封建遺制**
近代社会にまだ残っている、封建的な制度や慣習。

※19 **ローマ帝国**
前1世紀末から4世紀に東西分裂するまで、地中海の全域を支配した大帝国。東ローマ帝国は1453年まで続いた。

※20 **ルネサンス**
ギリシア、ローマの古代文化を復興しようとする文化運動で、14世紀にイタリアで始まった。フランス語で、「再生」「復興」という意味。

※21 **メディチ家**
14世紀に銀行家として台頭し、15世紀から18世紀にイタリア・フィレンツェを支配した大富豪、名門貴族の家系。

※22 **アンドレ・ジッド**
ノーベル文学賞を受賞した、フランスの小説家。彼の没後、その著書は全て、ローマ教皇庁によって禁書に指定された。

※23 **フランソワーズ・サガン**
フランスの小説家。処女作の『悲しみよこんにちは』は世界的ベストセラーになり、映画化もされた。彼女の没後、その波乱に満ちた人生も映画化された。

※24 **日野富子**
藤原氏につながる名門・日野家に生まれ、室町幕府第8代将軍・足利義政の正室となる。日本の三大悪女（他は北条政子と淀殿）の一人と考えられている。

※25 **応仁の乱**
室町時代末期に勃発した、京都が主な戦場となった大規模な内乱。足利将軍家の後継者争い、管領家の畠山・斯波（しば）両氏の家督争いなど、さまざまな要素が複雑に絡まって、約11年続いた。

※26 **足利義政**

室町幕府第8代将軍。実子がいなかったので、弟の義視に将軍職を譲ろうとしたところ、妻の日野富子が義尚を出産。後継者争いに発展し、応仁の乱が勃発した。

※27 **マルクス主義**

マルクスとエンゲルスの理論によって、確立した思想体系の一つ。貧富の差、私有財産を否定する思想。

※28 **ヴェルサイユ宮殿**

ルイ13世の狩猟用の離宮だったが、ルイ14世がバロック建築の豪華絢爛な宮殿にした。絶対王政の象徴ともいわれている。

※29 **コルベール**

ジャン＝バティスト・コルベール。フランスの政治家、財政家。ルイ14世のもとで財務長官を務めた。輸入を制限して輸出を拡大するという、重商主義政策（コルベール主義）を遂行した。

※30 **ルイ15世**

「最愛王」と呼ばれた、ブルボン朝第4代のフランス王。公妾だったポンパドゥール夫人に大きな影響を受け、対外戦争を何度も繰り返し、深刻な財政難に陥った。

※31 **オルレアン家**

フランスの王家の支流で、オルレアン公の家系。14世紀にヴァロワ家から分かれたヴァロワ＝オルレアン家、17世紀にブルボン家から分かれたブルボン＝オルレアン家がある。

※32 **フィリップ2世**

オルレアン家の当主で、幼いときに即位したルイ15世のレジャン（摂政）を務めた。ジョン・ローの金融システムを導入したり、世界最大といわれていた高価なダイヤモンドを王冠につけるために購入させたりした。

※33 **ジョン・ロー**

スコットランド出身の経済思想家、実業家。中央銀行や金融システムを発明し、フランスにバブル経済をもたらした。

※34 **タレーラン**

シャルル＝モーリス・ド・タレーラン＝ペリゴール。フランス革命、第一帝政（ナポレオン時代）、王政復古、七月王政という激動の時代に、首相、外相、大使になった政治家。史上最も優れた外交官の一人として知られている。

※35 **ナポレオン１世**

ナポレオン・ボナパルト。フランスの軍人、政治家の一人だったが、イタリア遠征軍司令官として成功を収め、英雄となった。その後、フランス第一帝政（強力な軍事力を持つ軍事独裁政権）の皇帝にもなった。

※36 **フィリップ４世**

整った顔立ちのため「端麗王」と呼ばれた、カペー朝第11代のフランス王。ローマ教皇を監視下に置いたり、テンプル騎士団の財産を没収したりして、王政を強めた。

※37 **テンプル騎士団**

修道士であり戦士という構成員からなる、カトリック修道会。三大騎士修道会の一つで、十字軍の時代、聖地エルサレムで設立された。独自の国際的な財務管理システムも持っていたが、フィリップ4世によって壊滅状態となり、その後、教皇庁の異端裁判で解体された。

※38 **平将門**

平安時代中期に、関東地方で反乱を起こした武将。日本三大怨霊（他は崇徳上皇と菅原道真）の一人で、三井物産本社ビル（東京都千代田区大手町）の横にある、将門の首塚は有名。

※39 **猪瀬直樹の『ミカドの肖像』**

作家、元政治家の猪瀬直樹の代表作。天皇について、西武グループ、オペレッタ「ミカド」、明治天皇の御真影など、さまざまな角度から描いている。大宅壮一ノンフィクション賞受賞。

※40 **豊臣秀吉**

戦国時代から安土桃山時代にかけて活躍した武

将、大名。織田信長の家臣で、信長を討った明智光秀を討ち、天下統一を果たした。

※41 **十字軍**

11世紀から13世紀にかけて、イスラム教徒から聖地を奪還するため、キリスト教徒がエルサレムに派遣した遠征軍。

※42 **『アベラールとエロイーズ』**

フランスの神学者、哲学者のピエール・アベラールと、その弟子で妻のエロイーズによる往復書簡集。邦題は『アベラールとエロイーズ―愛と修道の手紙』。

※43 **ジャン・ジャック・ルソー**

ジュネーヴ共和国(現在のスイスの都市)出身の啓蒙思想家、哲学者。それまでフランスでは「君主主権」が一般的だったが、人民にこそ主権があるという「人民主権」を主張。フランス革命や、その後の民主主義の発展に大きな影響を与えた。

※44 **ダランベール**

ジャン・ル・ロン・ダランベール。フランスの物理学者、数学者、哲学者で、20年以上かけて完成させた百科事典『百科全書』を編纂した主要メンバー。

※45 **ジャン・ジュネ**

フランスの小説家、詩人、劇作家。獄中で書き上げた『花のノートルダム』や、自伝的集大成『泥棒日記』などが有名。

※46 **祇園祭**

日本三大祭の一つ。京都市東山区にある八坂神社の祭礼で、1100年の伝統を有する。山鉾行事は、18府県33件の祭りがグループ化された「山・鉾・屋台行事」の一つとして、ユネスコ無形文化遺産に登録されている。

※47 **革命記念日(カトルズ・ジュイエ)**

7月14日に設けられている、フランスの祝日。フランス革命の象徴(1789年7月14日バスティーユ監獄襲撃)と、その翌年の建国記念日が起源。パリでは、シャンゼリゼ通りでの軍事パレード、空軍のアクロバット飛行、花火大会などが行われる。

※48 **ラ・マルセイエーズ**
現在のフランス国歌。フランス革命の際、士気を高めるために作られた曲で、「武器を取れ」「進もう、進もう！」という内容の歌詞。

※49 **ロベスピエール**
マクシミリアン・ド・ロベスピエール。フランス革命期の政治家。急進的な革命を推進したジャコバン派、特に急進的だった山岳派の中心人物で、「恐怖政治」を断行した。

※50 **マティス**
アンリ・マティス。フランスの画家。原色主体の、激しい色彩表現が特徴の「フォーヴィスム（野獣派）」の中心人物。

※51 **高杉晋作**
幕末の長州藩士で、松下村塾の門下生。奇兵隊を結成して長州藩で実権を握り、長州藩を倒幕に傾けた。

第2章の注釈

※1 **百年戦争**
フランス王国の王位継承問題、領有に関する対立などが原因で始まった、イングランド王とフランス王の戦争。約100年にわたって断続的に続いたので、こう呼ばれている。

※2 **フックスの『風俗の歴史』**
ドイツのマルクス主義者、風俗研究家、収集家のエドゥアルト・フックスが書いた、ヨーロッパの民衆史。

※3 **カサノヴァ**
ジャコモ・カサノヴァ。イタリアの作家で、『我が生涯の物語』という自伝を書いた。華々しい女性遍歴により、その名は今でも世界中で知られている。

※4 **ル・ロワ・ラデュリの『モンタイユー』**
フランスの歴史家、エマニュエル・ル・ロワ・ラデュリが書いた本で、ゴンクール賞（フランスの、権威ある文学賞）受賞。14世紀にモンタイユーという小

さな村で行われた「異端審問」の記録をもとに、当時の村人の衣食住、信仰、心の中などが再現されている本。邦題は『モンタイユー　ピレネーの村』。

※5 **モンテスパン夫人**

ルイ14世の愛妾。既に王の愛妾になっていたルイーズを修道院へ追いやり、国王第一の公妾となることに成功した。

※6 **マントノン夫人**

ルイ14世とモンテスパン夫人の間にできた子どもの教育係。やがてルイ14世の寵愛を受けるようになり、王妃マリー・テレーズの没後、王と極秘結婚した。

※7 **メゾン・クローズ**

19世紀、フランス政府の監視下に置かれるようになった、パリの高級娼館。貴族や芸術家たちが出入りしていて、一種の社交場となっていた。

※8 **赤線**

赤線地帯／区域。特殊飲食店で売春が行われていたエリア。そのエリアは警察の地図に赤線で示され、黙認されていた。GHQ（連合国軍総司令部）による要求で公娼制度は廃止されたが、性犯罪の抑制を目的に、特例措置として約10年続いた。

※9 **アウグスティヌス**

アウレリウス・アウグスティヌス。初期キリスト教、西方教会の教父、思想家。『告白録』や『三位一体論』などを執筆した。

※10 **東方教会**

キリスト教の三大教派（他はカトリック教会とプロテスタント諸教会）の一つ。中東やギリシア、東ヨーロッパに広がった。

※11 **ムーラン・ルージュ**

1889年、芸術家が集まる、パリのモンマルトルに誕生したキャバレー、ダンスホール。フレンチカンカンが人気で、世界的に有名になった。第一次、第二次世界大戦中も営業を続け、今に至る。

※12 **コレット**

シドニー＝ガブリエル・コレット。フランスの作家。第一次世界大戦中は報道記者として活躍した。

三回結婚し、婚外では同性愛の経験も。代表作は『シェリ』や『青い麦』など。

※13 **ミスタンゲット**

フランスのシャンソン歌手、女優。ムーラン・ルージュなど数々のミュージックホールで活躍し、国際的な名声を得た。特にヒットした曲は、『サ・セ・パリ』や『モ・ノム』など。

※14 **待合政治**

公的な場所ではなく、料亭やお茶屋さん(待合)などでお酒を飲みながら談合し、政治の重要事項を決定すること。

※15 **モノグラフィー**

ある特定の、一つの問題に関する研究論文。

※16 **ナポレオン戦争**

ナポレオンが活躍し始めたころから、完全に敗北するまでに起きたさまざまな戦争の総称。多数のヨーロッパ主要国が参戦した。

※17 **ワーテルローの戦い**

ナポレオンがワーテルロー(現在のベルギーのブリュッセル郊外)で、イギリスやプロイセンなどの連合軍と戦った戦争。フランス軍は敗北した。

※18 **プロイセン**

プロイセン王国。首都はベルリン。ナポレオンがロシア遠征で大敗した後、イギリス、ロシア、オーストリアなどと軍事同盟を結び、ナポレオンを退位に追い込んだ。その後、ナポレオンは約100日復活したが(百日天下)、完全に敗北させた。

※19 **ブリュッヒャー将軍**

ゲプハルト・レベレヒト・フォン・ブリュッヘル(ブリュッヒャー)。ナポレオン戦争の後期にプロイセン軍総司令官となり、最終的にナポレオンに勝利した。

※20 **普仏戦争**

独仏戦争、プロイセン・フランス戦争とも呼ばれる。スペイン王位継承問題がきっかけとなり、ビスマルク率いるプロイセン(普)と、ナポレオン3世率いるフランス(仏)の間に勃発した戦争。プロイセンが大勝した。

※21 **摂政時代**

一般的に、摂政が統治している時代のこと。フランスでは、まだ幼少だったルイ15世の代わりに、ルイ14世の甥、オルレアン公フィリップ2世が摂政となった時代を指す。

※22 **市川房枝**

大正デモクラシーの時期から、男女平等、女性の地位向上を訴え続けた運動家、政治家。日本の女性参政権を実現させるのに大きく貢献した。

※23 **『源氏物語』**

紫式部が書いた、平安時代中期の長編物語。桐壺帝(きりつぼてい)の子で、容姿や才能に恵まれた光源氏のさまざまな恋愛、栄華、苦悩、没後の世界が描かれている。

※24 **ロラン夫人**

フランス革命で活躍したジロンド派の一員。黒幕的な存在だったので、「ジロンド派の女王」とも呼ばれた。

※25 **ジロンド派**

フランス革命運動を推進した政治組織「ジャコバン・クラブ」の中の、穏健な共和派。急進的なジャコバン派と対立していたが、主導権を握られ、最終的には国民公会から追放された。

※26 **デュ・バリー**

娼婦同然の暮らしをしていたが、結婚して「デュ・バリー夫人」という名前を手に入れ、ルイ15世の公妾となる。フランス革命が勃発し、ギロチンにかけられ処刑された。

※27 **ポンパドゥール**

デュ・バリー夫人の前に、ルイ15世の公妾だった夫人。政治に関心が薄かったルイ15世に代わり、フランスの政治に大きく関与した。啓蒙思想家や芸術家たちとも交流した才媛で、大変な浪費家でもあった。

※28 **フランク王国**

5世紀から9世紀にわたり、西ヨーロッパにあったフランク族(ゲルマン民族の一派)の王国。カール大帝の死後、王国は三つに分裂してそれぞれ国になり、これが現在のドイツ、フランス、イタリアの基礎となった。

※29 **ルイ7世**
「若年王」と呼ばれた、カペー朝第6代のフランス王。王妃アリエノール(アキテーヌ公領の相続者)は、ルイ7世と離婚後、後にイングランド王ヘンリー2世となる人物と再婚した。アキテーヌ公領はイングランド王のものになり、2国間の戦争の原因になった。

※30 **ヘンリー2世**
プランタジネット朝初代のイングランド王。広大な領地を持っていたが、息子たちの反乱に苦しめられ、最後は失意のうちに亡くなった。

※31 **第二帝政**
19世紀後半の、ナポレオン3世による統治時代のこと。

※32 **第三共和制**
第二帝政が崩壊した後から1940年までの約70年間の共和政体。

※33 **桂離宮**
京都市西京区桂御園にある、もと桂宮(八条宮)家の別荘。

※34 **バロック**
16世紀末から、ヨーロッパで盛んになった建築や芸術の様式。特徴は、曲線や楕円を使った、豪華で華麗な装飾。代表的な建築物は、ヴェルサイユ宮殿。

※35 **ロココ**
18世紀、フランスの宮廷を中心に流行した、バロックに続く時代の建築・芸術様式。特徴は、繊細で優美、軽やかな装飾。ヴェルサイユ宮殿の庭園にある離宮、プティ・トリアノン(小トリアノン宮殿)の内装は、ロココ様式の最高峰ともいわれる。

第3章の注釈

※1 **ルイ16世**
ブルボン朝第5代のフランス王。オーストリアの

皇女マリー・アントワネットと結婚。趣味は、狩猟と錠前作りだった。フランス革命が勃発し、ギロチンにかけられ処刑された。

※2 **マリー・アントワネット**
オーストリアの女性君主、マリア・テレジアの娘で、ルイ16世と結婚。フェルセン伯爵とは、婚外で愛し合っていた。フランス革命時、ギロチンにかけられ処刑された。

※3 **フェルセン**
ハンス・アクセル・フォン・フェルセン伯爵。スウェーデンの名門貴族。フランス革命後、マリー・アントワネット王妃のために、国王一家の亡命計画を立てたが、失敗に終わる。

※4 **アンリ4世**
ブルボン朝初代のフランス王。母の影響でプロテスタント（フランスではユグノーと言われていた）だったが、後にカトリックに改宗。新教派と旧教派の対立から起きたユグノー戦争を収束させた。

※5 **ルイ13世**
ブルボン朝第2代のフランス王。幼少のころに即位したので、初期は母后（ぼこう）が摂政を務めた。その後、貴族出身の聖職者、リシュリューを宰相として登用。絶対王政の確立に努めた。

※6 **薩摩治郎八**
フランスで「バロン・サツマ」と呼ばれた大富豪の実業家。後に随筆家となる。パリで日仏の文化交流に尽力し、フランス政府からレジオン・ドヌール勲章（卓越した功績を残した者に与えられる勲章）を受章した。

※7 **ルーヴル宮殿**
フランス王フィリップ2世が、要塞として建設した宮殿。ルイ14世の時代に、王室美術品コレクションの収蔵、展示場所となる。現在は、ルーヴル美術館として知られている。

※8 **ラ・ロシュフコーの『マクシム』**
フランス屈指の大貴族で、モラリスト文学者のフランソワ・ド・ラ・ロシュフコーの代表作『箴言（し

んげん)集』。通称『Maxims（マクシム）』といわれる。サロン文化で生み出された格言が記されている。

※9 **西郷隆盛**

薩摩藩下級士族の出身。幕末に活躍し、明治維新を遂行した。その後、西南戦争で明治政府と戦ったが、破れて自決する。

※10 **パスカル**

ブレーズ・パスカル。フランスの哲学者、物理学者、数学者、キリスト教神学者。彼の遺稿集『パンセ』の中に書かれている言葉「人間は考える葦（あし）である」が有名。そのほか、パスカルの三角形、パスカルの原理、パスカルの定理などの発見でも知られている。

※11 **「MeToo」運動**

「私も」という意味の英語に、ハッシュタグ（#）を付けた「#MeToo（ミートゥー）」。SNSで性的被害を告白する際、このハッシュタグが使われるようになった。世界中で「MeToo」運動が広がっている。

※12 **リド**

シャンゼリゼ通りにあるキャバレー。かつて地下プールのある娯楽施設だったが、1946年、イタリアのクレリコ兄弟が買い取って大改造し、今日のリドに至る。

※13 **『レ・ミゼラブル』**

フランスの詩人、作家のヴィクトル・ユゴーが書いた長編小説。一切れのパンを盗んで投獄されたジャン・バルジャンの生涯を描いた作品で、日本では『ああ無情』という題名でも出版されている。

※14 **デコルテ**

ローブ・デコルテの略で、「ローブ」は、フランス語でドレスという意味。首筋から胸元、肩、背中までをあらわにしたデザインの、フォーマルなイブニングドレスのこと。日本では首筋から胸元のあたりの、体の部位を指す。

※15 **マルキ・ド・サド**

フランスの作家。マルキ・ド・サド（サド侯爵）は通称。名門の侯爵で、父は伯爵。女性虐待事件などで投獄され、獄中で『ジュスティーヌあるいは美徳の不幸』を執筆した。加虐によって喜びを見いだす「サディズム」(略語はサド)は、彼の名前に由来。

※16 **カトリーヌ・ド・メディシス**

ヴァロワ朝第10代のフランス王、アンリ2世の妃。イタリアのメディチ家(フランス語ではメディシス)から嫁いだ。

※17 **ザッヘル・マゾッホの『毛皮を着たヴィーナス』**

オーストリア(現ウクライナ領のリボフ)出身の小説家、ザッヘル・マゾッホが書いた小説。マゾヒズムの世界が描かれている。

※18 **『マノン・レスコー』**

フランスの小説家、通称アベ・プレヴォの代表作。半自伝的小説の最終第7巻として出版された。騎士デ・グリューと、ファム・ファタル(男を破滅させる女)であるマノン・レスコーの物語。

※19 **クレイジー・ホース**

パリにあるキャバレーで、芸術性を伴ったヌードを扱うバーレスクショーが楽しめる。ムーラン・ルージュ、リドと同様、世界的に有名。

※20 **スタヴィスキー事件**

1933年末、ウクライナ・キエフ出身のユダヤ人、スタヴィスキーが起こした疑獄事件。信用金庫を設立し、巨額の債券を発行するが、偽造だったことが発覚。政権の関係者も関与していたことが分かり、一大スキャンダルになった。

第4章の注釈

※1 **杉本秀太郎**

京都市有形文化財、国の重要文化財に指定された「杉本家住宅」(京都市下京区)の9代目当主、フランス文学者、評論家、国際日本文化研究センター名誉教授。著書は、日本エッセイスト・クラブ賞を受賞した『洛中生息』や、大佛次郎賞を受賞した『平家物語』など多数。

※2 **冷泉家**

藤原氏の一族、御子左家(みこひだりけ)から分かれた、冷泉為相（れいぜいためすけ）を祖とする家。「冷泉家住宅」は、完全な状態で現存する唯一の公家屋敷で、重要文化財に指定されている。

※3 **京都所司代**
江戸幕府の職名。京都の警備、朝廷や公家の監視などを任せられていた。

※4 **公家統制策**
江戸幕府は、朝廷の存在を認めながらも、天皇や公家の行動に統制を加え、幕府の権力を誇示した。

※5 **桂宮さん**
皇族の家筋「四親王家」の一つで、明治時代に廃絶した。

※6 **ゲルマン人、ノルマン人、ヴァイキング**
スカンジナビア半島やユトランド半島に住むノルマン人は、北方ゲルマン人に属し、8世紀以降ヴァイキングと呼ばれる海賊として恐れられた。

※7 **英仏戦争**
イングランドとフランスの間で勃発した戦争。百年戦争が有名だが、その後もこの二国間でしばしば戦争が起きた。

※8 **ナポレオン3世**
シャルル・ルイ＝ナポレオン・ボナパルト。フランス第二共和政の大統領になった後、クーデターで実権を握り、フランス第二帝政の皇帝になる。普仏戦争に敗れて退位した。

※9 **オスマン**
ジョルジュ＝ウジェーヌ・オスマン。第二帝政時のセーヌ県知事で、ナポレオン3世のもとでパリ改造を実行した。これはフランス最大の都市改造で、近代化に大きく貢献した。

※10 **石田三成**
安土桃山時代の武将で、豊臣秀吉に仕えていた。秀吉の没後、関ヶ原の戦いで徳川家康に敗れ、斬首刑となった。

※11 **依代**
神霊がよりつくとされるもの。

※12 **ルイ＝セバスティアン・メルシエの『タブロー・ド・パリ』（パリ生活誌）**
フランスの作家、メルシエがパリの街を歩き回って書き上げた本。18世紀の、リアルなパリの様子が記されている。

※13 **ブルボン王家**
かつてはフランス、現在はスペインを統治しているヨーロッパの王家。ルクセンブルク大公家も、男系はブルボン家の末裔。

※14 **谷崎潤一郎の『瘋癲老人日記』**
耽美主義の小説家、谷崎潤一郎が書いた本。不能の老人が、息子の妻に魅了されるという内容で、脚フェティシズムについて描かれている。

※15 **コンデ家**
ブルボン家の支流の、フランスの名家。初代コンデ親王は、ルイ1世。9代目ルイ・アンリ・ジョゼフが亡くなった後に断絶し、他家に継承された。

※16 **渋沢栄一**
明治、大正時代の実業家、子爵。大蔵省官吏を経て、第一国立銀行の初代頭取に就任した。

※17 **ニッシム・ド・カモンド美術館**
この美術館の建物は、ユダヤ人銀行家のモイズ・ド・カモンド伯爵が、ヴェルサイユ宮殿のプティ・トリアノンから着想を得て作った邸宅。彼が収集した美術品が展示されていて、25歳で戦死した息子ニッシムの名が、美術館名になっている。

※18 **三高**
第三高等学校（旧制）。ナンバースクールの一つで、1949年、新制京都大学に統合された。現在の京都大学総合人間学部と、岡山大学医学部の前身。

※19 **四高**
第四高等学校（旧制）。ナンバースクールの一つで、1949年、新制金沢大学に統合された。

※20 **蛤御門の変**
「禁門の変」のこと。幕末に勃発した、尊皇攘夷派の長州藩と、幕府の戦い。京都御所付近、特に蛤御門付近で激しい戦いが繰り広げられた。長州藩は破れ、完全に撤退した。

※21 **循環物色**
投資対象の銘柄や業種が移り変わっていく状態のこと。

※22 **BOBO(ボボ)、BOBO chic(ボボシック)**
BOBOは、bourgeois-bohème(ブルジョワ＝ボエーム)の略。お金持ちのボヘミアンで、10区や11区、12区などに住んでいる。ボボシックも、ほぼ同義。

※23 **サルトル**
ジャン＝ポール・シャルル・エマール・サルトル。フランスの哲学者、作家、劇作家。生涯の伴侶となったシモーヌ・ド・ボーヴォワール(『第二の性』などを書いた作家、哲学者)や、他の知識人たちと、サン＝ジェルマン＝デ＝プレのカフェに集い、議論に花を咲かせた。

※24 **ミシェル・フーコー**
フランスの哲学者。精神医学の理論、臨床の研究に携わり、コレージュ・ド・フランス(フランスの最高レベルの高等教育機関)などの教授に就任した。著作は、『監獄の誕生』や、未完の『性の歴史』など。

※25 **青線**
青線地帯／区域。営業許可なく売春が行われていた飲食店街。そのエリアは、警察の地図に青線で示されていた。

※26 **三島由紀夫**
ノーベル文学賞候補にもなった、世界的に有名な日本の作家。代表作は、『仮面の告白』『金閣寺』など多数。自衛隊市ヶ谷駐屯地で、割腹自殺した。

※27 **慶喜**
徳川慶喜。江戸幕府第15代、最後の将軍。政権を朝廷に返上し、幕政を終えた。

※28 **光格天皇**
江戸時代の第119代天皇。現在の皇統(天皇の男系血統)の祖。

※29 **リセ**
かつては「高等中学」と訳されたように、7年制の国立中学だったが、現在は「高校」の意味。中学校は「コレージュ」。リセ・フランコ・ジャポネ・ド・トキオ(東京)も、現代はこれに準じており、「東京国際

フランス学園」と名称が変更されている。

※30 **大隈重信**

明治、大正時代の政治家、教育者。早稲田大学創立者。自由民権運動に携わり、内閣総理大臣や外務大臣に就任した。板垣退助と憲政党を結成し、日本で初めての政党内閣を組織した。

※31 **セットバック**

道路の幅を広げるために、建物を後退させること。オスマンは、これでパリの主だった道路を拡幅(かくふく)した。現代日本では、斜線制限によって、建物の上の部分を、下の部分より後退させることを主に指す。

※32 **北原白秋とか木下杢太郎の「パンの会」**

明治末期、耽美派の青年芸術家たちが集まって語り合うために作られた会。会の名前は、ギリシア神話の牧羊神「パン」から付けられた。北原白秋、木下杢太郎、石川啄木などの詩歌人のほか、劇作家や美術家も参加した。東京をパリに、隅田川をセーヌ川になぞらえたりした。

※33 **五月革命**

1960年代末、パリの学生が起こしたデモが発端となり、フランス全土に広まった反体制運動。

※34 **内ゲバ**

新左翼の各組織の間で、もしくは同じ組織内で起きる暴力抗争。

※35 **カトリーヌ・ドヌーヴ**

パリ出身の、フランスを代表する女優。『シェルブールの雨傘』『昼顔』など、多数の映画に出演している。

※36 **グランド・ゼコール(グラン・ゼコール)**

一般の大学と異なり、各分野のエリートを養成するために設立された、フランスの高等教育機関の総称。エリート官僚養成学校の「フランス国立行政学院(略称ENA)」や、高等教育の教員や研究者育成機関の最高峰「エコール・ノルマル・シュペリウール(略称ENS)」、理工系エリート養成学校「エコール・ポリテクニーク(略称X)」など。

※37 **アポリネール**
ギヨーム・アポリネール。父親はイタリア人、母親はポーランド人とされているが、フランスで活躍した詩人、小説家。マリー・ローランサンとの恋について書いた詩『ミラボー橋』が有名で、シャンソンでも歌われている。

※38 **マリー・ローランサン**
フランスの画家、彫刻家。舞台美術や衣装デザインなども手がけ、才能を発揮した。アポリネールと出会って恋に落ちるが、やがて冷めてしまう。アポリネールのほうは彼女のことが忘れられず、『ミラボー橋』を書いた。

※39 **ガーシュウィン**
ジョージ・ガーシュウィン。アメリカの作曲家、ピアニスト。代表曲は、管弦楽曲『パリのアメリカ人』や、黒人庶民を主人公にしたオペラ『ポーギーとべス』など。

※40 **アリスティード・ブリュアン**
フランス・パリのモンマルトルで活躍した歌手。ブリュアンが開いた酒場で、ロートレックと出会い、親友になる。ロートレックに描いてもらったブリュアンのポスターは、パリで人気を博した。

※41 **ロートレック**
アンリ・ド・トゥールーズ＝ロートレック。フランスの画家、版画家、イラストレーター。日本の浮世絵にも影響を受けた。油絵や、ムーラン・ルージュのダンサーや歌手を描いたポスターが有名。

※42 **ジョージ5世**
ウィンザー朝（現在のイギリスの王朝）の初代君主。イギリス王、海外自治領の国王、インド皇帝。

※43 **クールジャパン戦略**
日本政府が推進する、日本の経済成長を目的としたブランド戦略。海外でクール（かっこいい）とされる日本アニメ、ゲーム、食、ファッション、伝統文化などの情報を発信し、海外展開し、インバウンドの国内消費につなげるという戦略。

※44 **堀辰雄**
昭和時代の小説家。軽井沢で結核の療養をするこ

とがよくあり、そこを舞台にした小説を多数執筆した。代表作は、師としていた芥川龍之介の自殺にショックを受けて書いた『聖家族』や、自分の体験をもとにして書いた切ない恋愛小説の『風立ちぬ』など。

※45 **モーパッサンの『ベラミ』**

ギ・ド・モーパッサンの小説。タイトルは、「美しい男友達」という意味。ジョルジュ・デュロアという青年が、自分の美貌を武器にして、たくさんの女性を利用してのし上がっていくという物語。

※46 **トーマス・マンの『魔の山』**

ノーベル文学賞を受賞したドイツの小説家、パウル・トーマス・マンが書いた長編小説。23歳の青年ハンスが、スイスのサナトリウム（主に結核患者のための療養所）に長期滞在し、いろいろな人物と知り合い、人生について追究するという内容。

第5章の注釈

※1 **アンリ2世**

ヴァロワ朝第10代のフランス王。王妃はカトリーヌ・ド・メディシス。宗教改革運動を弾圧したり、イタリアの支配権をめぐってハプスブルク家に対抗し、イタリア戦争を継続したりした。

※2 **稲畑産業**

フランスで染色技術を学んだ実業家、稲畑勝太郎が明治時代、京都に創業した「稲畑染料店」が始まり。染料事業を「稲畑ファインテック」に移管し、現在は情報電子や化学品、住環境などの事業を展開する商社になっている。。

※3 **リュミエール兄弟**

フランスの発明家。撮影機・投影機を一体化した「シネマトグラフ」を発明し、特許を取った。これは、現在の映画の原理と同じもので、映画を意味する「シネマ」の由来となった。

※4 **中央集権**
国家の中央機関に政治権力が集中し、地方の機関に対して強い統制権を持つ状態。

※5 **遠藤周作の『月光のドミナ』**
芥川賞受賞作家で、リヨン大学に留学していた遠藤周作の本。自分の中にあるマゾヒズムを発見し、その世界に溺れ、苦しみもがく画学生、千曲について書かれている。。

※6 **ガリア**
ローマ人が「ガリア人」と呼んだ、ケルト人が主に住んでいた地域。現在のフランス、ベルギー、北イタリアなどがあるエリア。

※7 **中江兆民**
明治時代の政治家、思想家。フランス留学から帰国した後、自由民権論(人間は自由で平等に政治に参加する権利があるという政治理論)を唱えた。「東洋のルソー」と呼ばれた。

※8 **聖ヨハネ騎士団**
三大騎士修道会の一つで、十字軍の時代、聖地エルサレムで設立された。ヨハネ修道院の跡に設立した巡礼者宿泊所は、病院も兼ねていたので、「ホスピタル騎士団」とも呼ばれた。本拠地の移動に伴い、「ロドス騎士団」「マルタ騎士団」とも呼ばれるようになった。

※9 **ラブレー**
フランソワ・ラブレー。フランスの作家。フランスの中世伝説に登場する大食漢、ガルガンチュアについてまとめた本から着想を得て、『ガルガンチュアとパンタグリュエル』を執筆。この長編小説は、フランス・ルネサンス期の傑作とされている。

あとがき

いま、ある雑誌で、「考えるための方法」について連載していますが、そこで暫定的に出した結論はというと、「考えるとは比較することだ」というものです。言い換えると、観察すべき対象が二つ以上なければ比較することは不可能なので、考えることもまた不可能だということになります。

たとえば、自分が生まれて育った町について考えるということは、親が転勤族で年中移動していたという人を除いて、案外、考察を巡らすのが難しいものです。

ですから、都市について考えようと思ったら、とりあえず、都市を二つ取り上げて、比較してみるほかはないのです。比較が可能になれば、なんとか思考を巡らすことができるからです。

しかしながら、本当のことをいえば、どうせ比較するのだったら、比較のしがいのある対象を最初から選ぶべきなのです。なにからなにまでそっくりで、差異というものが見つけることができないような二つの対象を選んでもしかたありません。むしろ、対照的なもの、いや正確には、一見すると似ているように見えるけれど、実際はまったく異なっているようなものを選んでこそ、比較の「しがい」があると言えるのです。

この意味で、本書の編集を担当された土井彩子さんが選んだ、京都とパリという二都市は絶妙の選択というほかありません。

たしかに京都とパリは一〇〇〇年あるいはそれ以上の歴史を持つ古都で、真ん中に大きな川が流れているという地理的環境も似ています。また、京都人とパリジャンという住民も、非常に癖のある人たちということで同じカテゴリーに含まれるかもしれません。

では、両者がそっくりかといわれれば、私はまったく違うと言わざるをえません。むしろ、正反対と言ったほうが正解なのかもしれません。

しかしながら、まさにそれゆえに、京都とパリはおおいに比較の「しがい」のある町同士だということになるのです。

とはいえ、私に関していうと、パリについては少しは知っていますが、京都についてはほとんど知りません。いっぽう、井上章一さんは、『京都ぎらい』という本を書かれているくらいですから、パリはともかく、京都についてはかなり詳しいはずです。ならば、二人で、京都とパリについて、その嫌みなところと愛すべきところを徹底的に語りあったら、類似と差異がくっきりと浮かび上がって面白いことになるのではないか？

どうやら、土井さんはこのように考えられたようなのですが、果たして、対談が土井さんの意図されたような方向に進んでいったかどうか、これはまったく保証の限りではありません。

なにしろ、二人は『ぼくたち、Hを勉強しています』というヘンテコリンな対談集を出したことのある人間です。放っておくと、どうしても話がそちらの方向に逸脱する傾向があることは否めません。

というわけで、本書は、「考える」ということは「比較する」ことだという大原則にしたがって、京都とパリを比較してみようという土井さんのたいへんまっとうな意図から出発した本なのですが、対談者として選ばれた二人がおおいに問題のある二人だったため、その評価については読者の判断にお任せするほかなくなってしまったようです。

ただ、「考える」ことに寄与したか否かは別として、たいへん面白い対談になったことだけは確かです。井上さんとは数え切れないくらい対談していますが、その中でもベスト3に入る対談なのではないでしょうか？

鹿島　茂

二〇一八年八月七日

鹿島 茂（かしま しげる）

フランス文学者。明治大学教授。専門は19世紀フランス文学。1949年、横浜市生まれ。1973年東京大学仏文科卒業。1978年同大学大学院人文科学研究科博士課程単位取得満期退学。現在明治大学国際日本学部教授。『職業別パリ風俗』（白水社）で読売文学賞評論・伝記賞を受賞するなど数多くの受賞歴がある。膨大な古書コレクションを有し、東京都港区に書斎スタジオ「NOEMA images STUDIO」を開設。新刊に『悪の箴言 耳をふさぎたくなる270の言葉』（祥伝社）、『明治の革新者〜ロマン的魂と商業〜』（ベストセラーズ）、『カサノヴァ 人類史上最高にモテた男の物語』（キノブックス）などがある。
書評アーカイブWEBサイト
「ALL REVIEWS」（https://allreviews.jp）主宰。
Twitter:@_kashimashigeru

井上章一（いのうえしょういち）

1955年、京都府生まれ。京都大学工学部建築学科卒、同大学院修士課程修了。京都大学人文科学研究所助手ののち現在、国際日本文化研究センター教授。専門の建築史・意匠論のほか、日本文化や関西文化論、美人論など、研究範囲は多岐にわたる。1986年『つくられた桂離宮神話』（弘文堂、講談社学術文庫）でサントリー学芸賞、1999年『南蛮幻想』（文藝春秋）で芸術選奨文部大臣賞、2016年『京都ぎらい』（朝日新書）で新書大賞を受賞。その他、『美人論』『関西人の正体』（朝日文庫）、『京都ぎらい　官能篇』（朝日新書）など著書多数。